# Freude! ohne! Ende!

Uwe Schäfer:

„Schluss mit lustig?

Jetzt erst recht!“

*Dieses Buch widme ich in großer Dankbarkeit meinen lieben Eltern,*

***Horst und Christel Schäfer,***

*die mir das Kostbarste vermittelt haben, was ich je besitzen werde: meinen Glauben an Jesus Christus.*

*»Wer eine Seele rettet, wird betrachtet, als habe er eine ganze Welt gerettet.« (Mischna Sanhedrin 37 a)*

Die Deutsche Bibliothek verzeichnet diese Publikation in der Deutschen Nationalbibliografie; detaillierte bibliografische Daten sind im Internet über http://dnb.ddb.de abrufbar



*Umschlaggestaltung:* Simone Hark-Schmidt, Offenbach
*Satz:* David Neufeld, Schwarzenfeld
*Herstellung:* Fuldaer Verlagsanstalt GmbH & Co. KG, Fulda


ISBN 3-937896-22-8, Bestell-Nummer 588 622



www.neufeld-verlag.de

# Freude! ohne! Ende!


| | |
|---|---|
| Eine Bitte an dich | 6 |
| 1. Krass: Die biblische Steilvorlage | 9 |
| 2. Konkret: Auf dem Weg zur Freude | 35 |
| 3. Unterwegs: Vom Geheimnis unserer Kraft | 61 |
| 4. Aktion: Die Freudenkiller killen | 85 |
| Zum Autor | 124 |
| Literatur | 125 |

# Eine Bitte an dich

Wenn man uns Christen manchmal so betrachtet, dann könnte man den Eindruck haben, Jesus Christus hätte uns gesagt: »Leute, jetzt ist Schluss mit lustig. Jetzt beginnt der Ernst des Lebens! Jetzt hört die Lacherei auf, die Freude; jetzt hört das Lockere mal auf. Wir müssen jetzt den schmalen Weg gehen. Schluss mit lustig! Wer will in den Himmel? Klar, alle. Also, jetzt wird sich zusammengerissen.« Natürlich ist die Christusnachfolge die ernsthafteste Sache der Welt, darüber muss nicht diskutiert werden. Aber Jesus Christus hat uns eine unglaubliche Freude verheißen! Er hat gesagt: *... und niemand soll eure Freude von euch nehmen* (Johannes 16,22b).

Die Geschichte der Kirche Jesu Christi ist gespickt mit extrem schwierigen Zeiten. Mit Verfolgung, mit Krisen, mit so manchen Irrwegen und mit menschlichem Versagen. Jesus wusste das schon vorher, das hat ihn keineswegs überrascht. Und trotzdem hat er gesagt: »Die, die an mich glauben, die dürfen neues Leben in sich tragen, und niemand – überhaupt nichts und niemand – soll ihnen ihre Freude nehmen.« Wer die Bibel ernst nimmt, hat also das Recht, seinen Herrn zu fragen: »Wo ist sie denn in meinem Leben, diese permanente Freude?« Wo ist sie geblieben, unsere Freude? Jesus hat uns diese fantastische Verheißung der völligen Freude gegeben, und wir laufen oftmals herum, als hätten wir den ganzen Tag Zitronen gelutscht.

Dabei will Gott uns Freude ohne Ende schenken. Ich will diese Freude haben, ich will nicht auf sie verzichten. Ich will erleben, wie diese Freude in meinem Leben wächst.

Und ich bin da realistisch: Alles, was sich lohnt, ist umkämpft. Eine gute Ehe ist eine lohnende Sache, und sie ist umkämpft: Es gibt auch mal schwierige Gespräche und Tränen, es braucht Neuanfänge und manchmal auch schmerzhafte Maßnahmen. Aber es lohnt sich, für dieses Glück zu kämpfen! Genauso ist es auch mit dieser Freude.

Ich habe mich in diesem Buch für die direkte Anrede entschieden und hoffe, das ist für dich in Ordnung.

Vor allem möchte ich dich bitten, dein Herz beim Lesen weit aufzumachen: dass du nicht nur mit den Augen liest und mit dem Intellekt wahrnimmst. Dass du nicht nur als alter Fuchs beurteilst, ob das denn theologisch alles auch wirklich korrekt ist, was der Bruder Schäfer da so schreibt. Sondern ich wünsche mir, dass dieses Buch eine Sehnsucht bei dir auslöst. Einen Schrei in deinem Herzen: Ich will mehr von dieser Freude ohne Ende!

Mein Wunsch ist, dass Gott dieses Buch gebrauchen kann als Einfallstor seiner Liebe und seiner Freude in dein Leben.

*Dein*
*Uwe Schäfer*
*Ennepetal, im Januar 2006*

# 1. Krass: Die biblische Steilvorlage

## Leben mit permanenter Freude

Zwei Bibelstellen will ich an den Anfang dieses Buches stellen: Paulus schreibt an die Christen in Rom: *Denn das Reich Gottes ist nicht Essen und Trinken, sondern Gerechtigkeit, Friede und Freude im Heiligen Geist* (Römer 14,17). Und Jesus sagt in Johannes 16,22 zu seinen Jüngern – also auch zu uns: *... und niemand soll eure Freude von euch nehmen* (Johannes 16,22b).

*Niemand soll eure Freude von euch nehmen* – das klingt nach einer starken Verheißungslage. Eine sehr klare Verheißung – Leben mit permanenter Freude wird uns hier in Aussicht gestellt. Römer 14,17 bringt zum Ausdruck, dass die Freude ein charakteristisches Merkmal, ein Grundzug des Reiches Gottes ist: Wenn es drei solche Grundlagen des Reiches Gottes gibt, dann ist eins davon die Freude. Das Reich Gottes besteht aus Freude im Heiligen Geist. Was für eine starke Aussage!

Und die Zusage von Jesus legt da noch eins drauf. Im Zusammenhang von Johannes 16,22 wird deutlich, dass Jesus seinen Jüngern klar macht: »Freunde, ihr werdet nun 'ne Weile traurig sein.« Jesus weiß, er wird gekreuzigt werden. Er wird bald sterben. Aber dann wird er auferstehen, seine Jünger werden ihn wiedersehen. Und im Zusammenhang mit seiner Auferstehung, dass er sich seinen Jüngern als wieder lebendig zeigen wird, sagt er ihnen: *So habt auch ihr nun Traurigkeit; ich werde euch aber wiedersehen, und dann wird euer Herz sich freuen, und niemand soll eure Freude von euch nehmen.*

Wenn ich diese beiden biblischen Aussagen zusammenfasse, dann steht hier im Raum: Die Freude am auferstandenen Jesus, der lebt und in meinem Leben ist, und die Freude an seinem Reich soll in unserem Leben etwas Permanentes sein.

Rumlaufen, als hätten wir den ganzen Tag Zitronen gelutscht

**... und das wirkliche Leben**

Ich weiß nicht, wie das auf dich wirkt. Bei mir löst es ein tiefes Nachdenken über mich und mein Leben aus. Die Frage muss ja mal gestattet sein: Gibt‘s eigentlich jemanden, der das erlebt? Gibt‘s jemanden, der sagt: »Doch, Uwe, also ich habe diese permanente Freude in mir. Ich hab‘ mich vor dreizehn Jahren bekehrt und seitdem gab es nicht einen Tag *ohne* Freude!«? Das klingt eher ein bisschen lustig, oder? Es muss außerdem die Frage gestattet sein: »Hat unser Herr den Mund hier vielleicht ein bisschen zu voll genommen?« Hat er hier Dinge versprochen, die überhaupt nicht realistisch sind?

Wenn du am Sonntag morgen im Gottesdienst sitzt, da gibt’s vielleicht schon mal Momente, da springt dich die Freude des Himmels so richtig an. Aber wenn du danach zu deinem Auto kommst, irgend jemand hat eine dicke Beule reingerammt, es hängt *kein* Zettel an der Windschutzscheibe – was passiert dann mit deiner Freude?

Lasst uns die biblische Aussage mal kurz beiseite lassen und in unser Leben hineinblicken. Wieviel braucht es eigentlich, dass wir vollkommen mürrisch werden? Dass wir schlechte Laune kriegen, total frustriert sind? Wieviel braucht es, damit wir rumlaufen, als hätten wir den ganzen Tag Zitronen gelutscht? Sogar im

Gottesdienst geht es uns doch manchmal so, dass der Lobpreisleiter sich da vorne fast den Arm abbricht, um uns so ein bisschen in die Gegenwart Gottes zu führen – und wir sitzen da mit angezogener Handbremse. Wir sind irgendwie zurückgehalten. Unser Alltag scheint uns nicht loslassen zu wollen. Und diese Freude ist einfach nicht da.

Gehst du zum Lachen eher in den Keller?

Warum ist das eigentlich so? Wie kann es sein, dass wir bei solch einer Verheißungslage oft so mürrisch, so niedergeschlagen, so schlecht gelaunt sind? Wenn du jetzt denkst: »Uwe – mürrisch, schlecht gelaunt, niedergeschlagen? Ich hab' eigentlich immer nur Freude in Jesus!«, dann kannst du dieses Buch getrost beiseite legen und weiter tanzen.

Ich würde weiterlesen. Ich muss das unbedingt lesen! Als meine Frau mich fragte: »Wie weit bist du eigentlich mit dem Thema ›Freude ohne Ende‹?«, da saß ich leicht zerknirscht neben ihr: »Ach, ich bin mir nicht sicher. Ich glaube, ich bin dafür noch nicht qualifiziert. Wie du weißt, kann ich manchmal so ein Stinkstiefel sein; ich muss das alles erst noch mehr verinnerlichen, bevor ich anderen etwas darüber sagen kann. Vielleicht kann ich mich dann in einigen Monaten da heranwagen.« Und da hat meine Frau etwas sehr Nettes gesagt. (Meine Frau ist wirklich sehr, sehr nett!). Als ich sagte: »Stinkstiefel«, da meinte sie: »Ja. Aber nur *Part-Time.*« Ich bin also ein Teilzeitstinkstiefel.

Vielleicht denkst du jetzt: »Gott sei Dank, nicht nur ich!« Der Montagmorgen droht so richtig düster, und da ist überhaupt nichts von dieser Freude. Da klaffen unsere fromme Theorie und unser Alltag Lichtjahre auseinander.

Hat unser Herr den Mund zu voll genommen? Natürlich nicht. Aber warum erleben wir denn dann so wenig von dieser permanenten Freude? Und wo ist der Weg zu dieser Freude?

Ich glaube, wenn Jesus uns etwas verheißt, dann dürfen wir das auch wirklich erleben. Und ich für meinen Teil möchte mich dem gerne stellen. Ich möchte lernen. Ich möchte mich ansprechen lassen von meinem Herrn und seinem Wort, um diese permanente Freude zu erleben.

### Und wenn ich nicht der Typ dafür bin?

Jetzt denkst du vielleicht: »Ja, aber Uwe, ist das denn nicht auch eine Typfrage? Es gibt doch so fröhliche Menschen, die sind immer gut drauf. Und andere sind wiederum eher ein bisschen bedrückt.« Natürlich sind die Menschen verschieden, und Freude mag sich durchaus unterschiedlich äußern. Aber wir wissen ja: Bei Gott gibt es kein Ansehen der Person! Wenn Gott uns also so eine Verheißung gibt, dann gilt sie allen Typen. Ob du so ein frohgelaunter Rheinländer bist oder ein eher griesgrämiger Westfale – die Verheißung gilt *dir*. Ob du jemand bist, der das Herz auf der Zunge trägt und den ganzen Tag fröhlich scheint, oder jemand, der zum Lachen eher in den Keller geht. Die Verheißung gilt dir: Freude ohne Ende. Niemand soll unsere Freude von uns nehmen, ganz unabhängig davon, welcher Typ wir sind.

Ziehen wir doch mal eine Parallele. Das Neue Testament verheißt uns, so meine ich, ziemlich klar, dass wir nicht mehr unter der Herrschaft der Sünde leben müssen, oder? In Römer 6 schreibt Paulus: Wenn wir mit Christus gestorben sind und mit ihm zu neuem Leben erwacht sind, dann brauchen wir der Sünde nicht mehr zu dienen. Keiner von uns muss sagen: »Tja, weißt du, ich bin verstrickt in Sünde, da lässt sich einfach nichts machen.« Nein, sondern wenn Jesus in dein Leben gekommen ist, dann weißt du, er hat die Sünde in deinem Leben besiegt. Heißt das denn, dass du nicht mehr sündigen würdest? Natürlich heißt es das nicht: Der Kampf gegen die Sünde bleibt hart. Und manches Mal fallen wir. Aber diesen Zusammenhang haben viele Christen, so scheint mir, ganz gut verinnerlicht: Ich kann als Christ nicht permanent in Sünde leben. Ich muss aufstehen, Buße tun, meine Sünde bekennen. Und dann geht es weiter. Wir haben eine Verheißung, dass die Sünde uns nicht mehr beherrscht.

Aber haben wir in gleicher Weise verinnerlicht, dass uns verheißen ist, in permanenter Freude zu leben? Ist das Wissen tief in uns verwurzelt, dass ein Wesensmerkmal des Reiches Gottes diese wunderbare Freude ist, die Gott uns schenkt? Und Jesus sagt auch noch: ... *und niemand soll eure Freude von euch nehmen.*

## Freude, die von innen kommt

An dieser Stelle müssen wir eine wichtige Unterscheidung treffen. Paulus beschreibt die Freude im Heiligen Geist als einen Charakterzug des Reiches Gottes. Als Christen wissen wir, dass der Heilige Geist in uns lebt. Also handelt es sich um eine Freude, die von innen kommt. Jemand, der mit diesen Gedanken noch nicht so vertraut ist und das Lied hört: »Freude, die von innen kommt. Freude, die mir niemand nimmt ...«, der denkt sich vielleicht: »Hm, Freude kommt doch immer von innen, oder? Oder gibt es Leute, die – wie beim Computer – so ein externes ›Emotionslaufwerk‹ haben?

Ich meine, *wenn* wir Freude haben, dann haben wir sie *innen* – wo denn sonst?!«

Wenn wir von der Freude singen, die von innen kommt, dann meinen wir natürlich nicht nur Freude, die *innen empfunden* wird. Das ist nämlich bei jedem so: woanders kann man Freude ja gar nicht empfinden. Sondern wir meinen – halt dich fest – eine Freude, die *in dir entsteht.* Eine Freude, die ihren Ursprung nicht außen hat. Freude, die sich nicht an äußeren Reizen entzündet, sondern die durch den Heiligen Geist in dir erzeugt wird – und die sogar unabhängig ist von äußeren Dingen. Die Diakonisse Eva von Tiele-Winckler (1866–1930) beschrieb es so: »Die höchste Freude; sie ist unabhängig von äußeren Verhältnissen, denn sie hat ihre unversiegbare Quelle in Gott.«

## Freude durch den Heiligen Geist

Stell dir vor, du bist dreizehn und es ist Weihnachten. Heiligabend, kurz vor der Bescherung. Und an dem sperrigen Gegenstand unter einer Decke erkennst du: Du kriegst tatsächlich ein Fahrrad. Eine unglaubliche Freude tobt in deinem Inneren: Fahrrad, Fahrrad, Fahrrad, ja! Das ganze Jahr hast du gewartet und gebetet und Andeutungen gemacht. Und gehofft, dass es klappen würde. Und angeboten, auch noch Zeitungen auszutragen. (Natürlich nächstes Jahr.) Nur der Griff schaut heraus, und in Gedanken siehst du dich schon mit deinem Mountainbike durch die Wälder heizen und Unglaubliches erleben und auf dem Hinterrad an den Mädels vorbeifahren ... Ja, es ist soweit. Du schaust aus dem Fenster und überlegst fieberhaft, wo du es ausprobieren kannst. Du siehst dein Mountainbike mit vierundzwanzig Gängen und allem Schnickschnack dort stehen, direkt vor dir.

Christus hat nicht gesagt, dass wir immer Spaß haben werden

Und als die Decke weggezogen wird, steht vor dir ein Klapprad. Hm. Drei Gänge ... Mit weinerlicher Stimme stammelst du artig: »Danke! *Natürlich* freue ich mich!« Und auf diese überschäumende Freude, die Vorfreude auf das ersehnte Fahrrad, folgt der absolute Absturz. Je höher du geflogen bist, desto tiefer fällst du jetzt in eine bodenlose Enttäuschung – das war doch wirklich nicht, was du wolltest!

Wenn Christen sich freuen, weil Weihnachten ist, dann ist das keine grobe Sünde. Aber es ist auch kein Wunder: Jeder freut sich, wenn Weihnachten ist. Wenn Christen sich freuen, weil Gott sie geheilt hat, weil sie gesund geworden sind, mit oder ohne Arzt, dann ist das nicht wirklich überraschend. Jeder freut sich, wenn er wieder gesund wird, auch Leute, die Gott nicht kennen. Er lässt seine Sonne scheinen über die Gerechten und die Ungerechten. Und an einem sonnigen Tag freuen sich alle, Christen wie Nichtchristen. Dann ist es nicht besonders christlich, durch den herbstlichen Wald zu schlendern, den blauen Himmel zu genießen und zu sagen: »Ach, Herr, ich habe so eine Freude! Danke für diese Freude!« Diese Freude kommt ja irgendwie auch von Gott, aber sie ist gewiss kein Merkmal deiner Christusnachfolge. So eine Freude kennt doch jeder. Das ist kein *big deal.* Das ist nicht unser Thema.

Wir müssen also klar unterscheiden: Es geht um eine Freude, die von innen kommt. Und deshalb gibt es auch einen großen Unterschied zwischen Freude und Spaß.

Wir leben in einer Spaßgesellschaft: Alles muss Spaß machen, alles muss *fun* sein. Christus hat nicht gesagt, dass wir als seine Nachfolger immer Spaß haben werden. Nein, es wird nicht alles Spaß machen. Es wird nicht alles *fun* sein. Es wird auch nicht alles locker sein, ganz im Gegenteil. Aber es soll eine Freude in uns geben, die von äußeren Reizen unabhängig ist, weil sie in uns entsteht. Weil der Heilige Geist und das Reich Gottes in uns ist, haben wir Freude im Heiligen Geist. Weil das Reich Gottes in uns ist, erleben wir diesen Grundzug dieses Reiches – dass es in unserem Leben eine permanente, übernatürliche Freude gibt. Eine wundersame Freude, die eben nicht auf äußere Einflüsse zurückgeht, sondern die ganz im Inneren entsteht. Von dieser Freude spricht Jesus.

### Sowohl als auch

Für Menschen, die Jesus nicht kennen, mag es ein kaum zu ertragender Widerspruch sein, dass das Reich Gottes uns sowohl Freude als auch Leid verheißt. Ich finde es unfair, wenn wir den Leuten bei unseren evangelistischen Bemühungen vorgaukeln: »Komm zu Jesus, und du hast nur noch Spaß!« Das ist nämlich nicht wahr.

Ein Mann namens Saulus bekehrt sich, Jesus tritt in sein Leben und ein anderer Mann namens Ananias darf Geburtshelfer sein bei dieser Wiedergeburt. Schau mal, was für ein Wort Gottes über der Bekehrung von Paulus steht: *Aber der Herr sprach zu ihm* [Ananias]: *Geh hin, denn dieser ist mir ein auserwähltes Werkzeug, um meinen Namen vor Heiden und Könige und vor die Kinder Israels zu tragen! Denn ich werde ihm zeigen, wieviel er leiden muss um meines Namens willen* (Apostelgeschichte 9,15–16). Das ist eine Bekehrung! Stell dir vor, du gehst im Anschluss an eine Predigt nach vorne, um dich zu bekehren, und dann kommt jemand auf dich zu und sagt: »Du, ich hab' hier ein Wort Gottes für dich: Äh, es wartet viel Leid auf dich«!

»Deine Ehe wird besser, deine Frau immer hübscher«

Spaß, *fun* und die Freude im Heiligen Geist sind also nicht miteinander zu verwechseln. Das würde uns in eine Oberflächlichkeit führen und die Tür für Enttäuschungen weit öffnen. Von Paulus und Barnabas heißt es in Apostelgeschichte 14,22: *Überall machten sie den Christen Mut und ermahnten sie, unbeirrt am Glauben festzuhalten. »Der Weg in Gottes neue Welt«, sagten sie zu ihnen, »führt uns durch viel Not und Verfolgung. So ist es der Wille Gottes« (Gute Nachricht Bibel).* Muss man jungen Christen denn so etwas sagen? Es hat Zeiten gegeben, da haben wir Einsteigern im Glauben gesagt: »Komm zu Jesus, und das Leben wird beschwingter. Deine Ehe wird besser, deine Frau immer hübscher, und wenn du krank bist, dann beten wir und dann geht das weg. Und wenn du arbeitslos bist, dann versorgt dich der Herr vom Himmel und es wird eigentlich alles nur noch *easy* sein. Es wird alles nur noch schön sein. Wenn du Beziehungsprobleme hast auf dem Arbeitsplatz, du, dann bindest du das in Jesu Namen und am nächsten Morgen nehmen dich alle in den Arm.« Es gibt einschlägige Bücher, die so einen Lebensstil in Aussicht stellen: Alles wird nur noch *fun,* alles wird nur noch Spaß, nur noch *easy* ...

Die Bibel hat eine andere Botschaft. Hier wird jungen Christen gesagt: Der Weg in Gottes Reich führt durch viel Leid. Ein Nichtchrist mag das verständlicherweise als einen Widerspruch erleben. Er wird sagen: »Augenblick mal, hattest du nicht gesagt, ein Grundzug des Reiches Gottes sei Freude?« Das habe nicht ich gesagt, sondern Paulus: *Denn das Reich Gottes ist nicht Essen und Trinken, sondern Gerechtigkeit, Friede und Freude im Heiligen Geist* (Römer 14,17). Ein Grundzug dieses Reiches ist Freude. Aber eine Grundwahrheit dieses Reiches ist eben auch: Der Weg in Gottes Reich führt durch viel Leid.

### Übernatürliches Leben

Und hier sehen wir: Leben im Reich Gottes bedeutet ein übernatürliches Leben führen und eine übernatürliche Freude haben. Charismatiker haben ja einen besonderen Zugang zum Thema des Übernatürlichen. Wir fühlen uns nicht so recht wohl, wenn Gott nicht mehr durch prophetische Eindrücke gehört wird. Wir fühlen uns nicht so recht wohl, wenn nicht mehr für die Kranken gebetet und sein Handeln erwartet wird. Klar, wir verfügen nicht über Gott und wir haben auch keine Garantie – aber wir dürfen Gott doch um sein Eingreifen bitten, und Gott will doch durch Geistesgaben wirken, oder? Wir fühlen uns nicht so recht wohl, wenn es das nicht mehr gibt. Im Gegenteil, wir sehnen uns nach mehr – aber interessanterweise meistens in Bezug auf unsere Gottesdienste. Manchmal kommen nach dem Gottesdienst gewisse Leute zu mir, die sagen: »Der Gottesdienst war viel zu routiniert und geplant. Wir sollten das alles viel mehr dem Heiligen Geist überlassen!« Ab und zu frage ich dann etwas provokativ zurück: »Ja, wo ist denn die Kraft des Geistes in deinem Leben? Erzähl' mir mal von deiner Woche: Wenn Zeichen und Wunder und Worte der Erkenntnis und ein Eingreifen des Himmels auf Erden etwas ganz Alltägliches für dich sind, dann hilf uns bitte ...«

Manchmal scheinen spektakuläre Erfahrungen in irgendwelchen anderen Gemeinden unheimlich erstrebenswert, aber das eigene Leben wird dabei überhaupt nicht reflektiert. Ich freue mich über Gottes Reden im Gottesdienst. Ich freue mich, wenn Menschen vom Heiligen Geist berührt werden. Und ich sehne mich nach viel mehr und nach einer viel größeren Intensität. Aber das Übernatürliche beginnt nicht Sonntags, zwischen dem fünften Chorus und der Predigt. Sondern unser ganzes geistliches Leben soll etwas Übernatürliches sein. Wenn deine Christusnachfolge nur noch etwas durch und durch Machbares ist, das aus Bibellesen, Gebete sprechen, in den Hauskreis gehen besteht, dann solltest du dich vielleicht fragen: Woran liegt das? Wenn du das, was der Prediger da vorne von sich gibt, immer schön beurteilst, ob es auch biblisch ist, wenn du dir viele Gedanken machst, es aber nichts Übernatürliches mehr in deinem Leben gibt, woran liegt das?

> Unser ganzes geistliches Leben soll etwas Übernatürliches sein

Wenn ich den Maßstab Freude ohne Ende, permanente Freude an mein Leben anlege – dann schneide ich selbst auch nicht so toll ab. Was kann ich mich freuen, wenn ich merke, die Menschen sind von einer Predigt angesprochen, wenn ich erlebe, wie Gott mich dabei gebraucht, um ihr Leben zu verändern! Aber diese übernatürliche Freude, die der Heilige Geist in mir erzeugt – egal, ob ich genug geschlafen habe, mit Kopfschmerzen aufgewacht bin oder gerade durch eine intensive Leidensphase gehe?!

Was für Nichtchristen wie ein Widerspruch sein muss, das ist für Christen überhaupt kein Widerspruch. Die Bibel geht damit ganz locker um. *Und ihr seid unsere und des Herrn Nachahmer geworden, indem ihr das Wort unter viel Bedrängnis aufgenommen habt mit Freude des Heiligen Geistes,* schreibt Paulus an die Thessalonicher (1. Thessalonicher 1,6). Die Worte »Bedrängnis« und »Freude« stehen hier in großer Gelassenheit nebeneinander. Und das, obwohl die Thessalonicher nicht etwa alte Hasen waren, kampferprobt und mit viel Erfahrung. Sondern das waren Neubekehrte! Sie wurden als Christen verfolgt. Für sie hatte es harte Konsequenzen, Christ zu sein. Christsein hatte nicht etwa Konjunktur, sondern es kostete einen Preis. Es gab richtig Ärger. Aber zugleich gab es Freude im Heiligen Geist. Nein, die haben sich nicht Jesus zugewandt und er hat alle ihre Probleme gelöst. Sie wurden Christen und hatten auf einmal Probleme, die sie vorher nicht kannten. In 2. Korinther 7,4b schreibt Paulus über sich selbst: *Ich bin mit Trost erfüllt, ich fließe über von Freude bei all unserer Bedrängnis.*

Und das ist der springende Punkt. Ich stürze regelmäßig ab bei meinen Bedrängnissen. Das finde ich seltsam. Und offensichtlich habe ich da etwas noch nicht verstanden, noch nicht verinnerlicht. Die Möglichkeit, dass Jesus den Mund zu voll genommen hat, schließe ich mal kategorisch aus. Dass er etwas verheißt und dann nicht liefern kann – das können wir vergessen. Wo bleibt also diese übernatürliche Freude in meinem Leben?

Zu sagen: »Ich habe viel Bedrängnis, aber tief unten, da empfinde ich auch Trost« – das ist eine Sache. Doch Paulus schreibt hier: ... *ich fließe über von Freude bei all unserer Bedrängnis.* Das ist etwas Übernatürliches.

Das ist Freude, die von innen kommt. Er hatte diese Reich-Gottes-Freude. Nur so kann ich es verstehen, dass Paulus und Silas im Gefängnis sitzen, und um Mitternacht Gott loben. Und zwar nicht in bitterer Disziplin: »Komm, Silas, wir müssen Lobpreis machen, sonst wird das doch nichts! Silas, komm jetzt, singen!« So irgendwie stellt man sich das ja manchmal vor. Und ich will gar nicht leugnen, dass die Frage einer bewussten Entscheidung dabei auch eine Rolle spielt (s. Seite 69ff.). Wir dürfen aber nicht vergessen, dass seine Bedrängnis nicht Arbeitslosigkeit war oder Unsicherheit im Job. Paulus wurde gesteinigt, er bekam heftig Schläge und saß im Gefängnis. Ihm drohte die Todesstrafe. Und Paulus sagt: *... ich fließe über von Freude bei all unserer Bedrängnis*. Das beeindruckt mich.

Aus der Geschichte ist überliefert, dass der römische Kaiser Nero (37–68, Kaiser von 54 bis 68) Christen kreuzigen und mit brennendem Öl übergießen ließ. Der Geschichtsschreiber Tacitus Cornelius (54–120) berichtet von dieser Christenverfolgung: »Man machte aus ihrer Hinrichtung ein lustiges Fest: In Tierhäuten steckend, wurden sie entweder von Hunden zerfleischt oder ans Kreuz geschlagen oder angezündet, um nach Eintritt der Dunkelheit als Fackeln zu dienen. Nero hatte seine eigenen Gärten für dieses Schauspiel hergegeben und verband es mit einer Zirkusaufführung« (Annalen 15, 44). Und dann gab es offenbar einen Punkt, an dem Nero ziemlich genervt war und sagte: »Ich mag diese Gesänge nicht. Nehmt lieber andere als die Christen.« Diese Christen brannten als lebendige Fackeln und sie sangen. Du sagst: »Das gibt's doch gar nicht. Das ist doch nicht menschlich?« Richtig. Das ist übernatürlich. Das ist Freude, die von innen kommt. Es ist eine Freude, die selbst bei größter Bedrängnis und bei größtem Leid zugänglich ist. Es ist Freude, von der Jesus gesagt hat: ... *und niemand soll eure Freude von euch nehmen.*

**Ein Missverständnis**

Haben Christen nun keinen Grund mehr, zu trauern?

Ich bin vereinzelt Christen begegnet, die meinten: »Als Christen müssen wir bei Beerdigungen gar nicht trauern! Wenn wir wirklich im Glauben stehen, dann sollten wir alle weiß tragen bei einer Beerdigung und uns freuen, dass einer zum Herrn gegangen ist.« Mit Verlaub: das ist Quatsch. Und es hat auch nichts mit dem Thema dieses Buches zu tun. Ich bin dankbar, dass die Bibel gerade in der Apostelgeschichte, wo wir viel von Übernatürlichem lesen, so nüchtern damit umgeht. Da wird zum Beispiel beschrieben, was nach dem Tod von Stephanus geschah: *Und gottesfürchtige Männer begruben den Stephanus und veranstalteten eine große Trauer um ihn* (Apostelgeschichte 8,2).

Es geht nicht um Freude, die unsere Bedrängnis oder unsere Trauer auflöst. Im Gegenteil, wenn zum Beispiel ein lieber Mensch stirbt, ist es wichtig, dass wir trauern. Wir stehen doch nicht am Grab von Menschen, die wir geliebt haben, mit denen wir unser Leben geteilt haben, und lachen und freuen uns!

Die Freude, um die es hier geht, löst unsere Trauer nicht auf, löst negative Situationen nicht auf. Wir müssen durch manches durch. Natürlich, in Christus finden wir Trost und Geborgenheit auch in Trauer. Aber selbstverständlich gibt es in unserem Leben Zeiten, in denen wir trauern und weinen.

Die biblische Steilvorlage bleibt im Raum stehen: Es gibt bei aller Trauer, bei aller Bedrängnis, bei allen Schwierigkeiten eine Freude, die tief in uns sein kann. Hier müssen wir natürlich sorgfältig unterscheiden, denn in der Bibel ist nicht die Rede von äußeren Freuden, da heißt es nicht etwa: »alles paletti«. Sondern es geht um eine Qualität von Freude, die von innen kommt.

In diesem Bereich geistlich optimal gewachsen?

**Freude als Gradmesser**

Allmählich wird es also Zeit für ein, zwei eindeutige Rückfragen an uns: Wo ist sie denn, unsere Freude? Wo ist diese Freude geblieben? Woran liegt's denn, wenn wir so wenig davon erleben?

Ich will es ganz deutlich sagen: Das Maß an Freude in deinem Leben zeigt dir ziemlich genau, wo du geistlich stehst. Zeige mir einen mürrischen Christen und ich zeige dir einen ungeistlichen Christen. Autsch, das hat gesessen! (Bei mir auch.) Zeige mir einen frustrierten, meckernden, freudlosen, niedergedrückten, depressiven Christen – und damit meine ich natürlich nicht Phasen der Trauer oder Depression als Krankheitsbild –, zeige mir einen Christen ohne Freude, und ich zeige dir einen Menschen, der in diesem Bereich geistlich nicht optimal gewachsen ist.

Ich glaube, dass wir das in Bezug auf uns selbst tatsächlich so sagen können. Wer Jesus findet, wer das Reich Gottes findet, der dringt durch zu dieser übernatürlichen Freude. In Matthäus 13,44 heißt es: *Wiederum gleicht das Reich der Himmel einem verborgenen Schatz im Acker, den ein Mensch fand und verbarg.*

*Und vor Freude darüber geht er hin und verkauft alles, was er hat, und kauft jenen Acker.*

Genau das ist der springende Punkt: Vor Freude über dieses Reich Gottes verkauft er alles, was er hat. Das Reich Gottes, das sind ewige Werte, das ist Friede, Gerechtigkeit, Freude im Heiligen Geist. Dieser Mann hatte vielleicht ein Haus, einen Computer, ein Fahrrad, einen Kühlschrank – er hatte alle möglichen Wertgegenstände. Doch alles das, was ihm vielleicht zeitweise eine gewisse Freude beschert hat (zumindest hatte er es sich wohl so gewünscht), tauscht er ein für ein ewiges Reich, für Gerechtigkeit, Friede und Freude im Heiligen Geist. Er geht mit Freuden hin und verzichtet auf manche Äußerlichkeit, um sich von ganzem Herzen diesem inneren Reich, dem Reich Gottes zu widmen.

Ein anderer Mann, von dem wir in der Bibel lesen, tut das nicht. Er kommt zu Jesus und fragt: »Was muss ich tun, um das ewige Leben zu bekommen?« Und Jesus antwortet: »Du kennst die Gebote ...« Und der Mann erwidert: »Ja, Religion, das habe ich alles versucht, an die Gebote habe ich mich immer gehalten.« Doch dann fordert Jesus ihn auf: *Eines fehlt dir! Geh hin, verkaufe alles, was du hast, und gib es den Armen, so wirst du einen Schatz im Himmel haben; und komm, nimm das Kreuz auf dich und folge mir nach!* (Markus 10,21). Und wie reagiert dieser Mann? *Er aber wurde traurig über dieses Wort und ging betrübt davon; denn er hatte viele Güter* (Markus 10,22).

Hier werden also zwei Entscheidungen beschrieben: Der eine geht voller Freude und verkauft alles, was er hat, und gewinnt diesen Schatz im Acker, dieses Reich Gottes. Und ein anderer begegnet Jesus und geht traurig davon. Das muss man sich mal auf der Zunge zergehen lassen – er begegnet Jesus und geht traurig weg. Kann man denn aus einer Begegnung mit Jesus traurig herauskommen?! Offensichtlich schon. Man kann auch traurig aus einem Gottesdienst kommen, in dem man vielleicht sogar für einen Moment Freude erlebt hat, etwas Prickelndes, in dem man erfahren hat: Gott ist hier. Man kann im Gottesdienst zur Ruhe kommen, seine Sehnsucht tief drinnen empfinden – und schon eine Stunde später wieder negativ aufgewühlt sein, frustriert und traurig, niedergeschlagen oder deprimiert sein – ja, das ist sehr wohl möglich.

Es geht um die Aufmerksamkeit des Herzens

Die Freude an diesem Reich führte bei dem einen dazu, dass alles andere auf einmal nicht mehr wichtig war. *Das Reich Gottes ist nicht Essen und Trinken.* Das Reich Gottes ist nicht Haus und Auto, es ist nicht Urlaub und Hobby: das Reich Gottes sind ewige Werte. All diese materiellen Dinge sind ja keine Sünde, irgendwo müssen wir ja schließlich wohnen. Seine Freizeit sinnvoll zu nutzen, ist doch in Ordnung – darum geht es ja gar nicht. Es geht um die Aufmerksamkeit des Herzens. Der Mann in der Kurzgeschichte, die Jesus da erzählte, fand diesen Schatz im Acker und das war es ihm wert, alles stehen und liegen zu lassen, alles zur Seite zu legen: »Ich will dieses Reich!« Er war voller Freude.

Und der Mann, der Jesus begegnete und wissen wollte, wie er zu ewigem Leben kommt, ging traurig davon, *denn er hatte viele Güter*. Das ist ja die Sache mit dem Reich Gottes: Es kostet eben grundsätzlich alles. Deshalb ist es auch ein Reich der Armen. Die kommen da viel leichter hinein. Jesus sagt: »Ich möchte gerne alles haben«, und die antworten: »Weißt du, meinen ollen Wecker, und den Kamm, wo ohnehin schon ein paar Zähne fehlen – die kannst du gerne haben!« Wer viel besitzt, tut sich da schwerer.

Bei diesem reichen Mann ist noch etwas interessant: Er wendet sich nicht mal mit einem Grundgefühl der Dankbarkeit ab. Er sagt nicht etwa zu sich selbst: »Mensch, jetzt, wo Jesus sagte, ich solle alles verschenken, da ist mir noch mal so richtig deutlich geworden, wie gesegnet ich eigentlich bin. Ich habe so viele Güter, es geht mir unglaublich gut – ich habe Häuser und Besitztümer und ich habe Bargeld – es geht mir so großartig, ach, ich lass das mal lieber mit der Nachfolge und freue mich an den Dingen, die ich habe.« Dieser Mann geht nicht in dem Bewusstsein, reich zu sein. Nein, er geht traurig davon, in dem Bewusstsein, von seinem Reichtum gebunden zu sein. In dem Bewusstsein, aufgrund seines Reichtums niemals den wahren Reichtum zu erleben. Und sich nicht durchringen zu können, dieser Freude des Reiches Gottes zu folgen und zu sagen: Dafür bin ich bereit, alles andere aufzugeben.

Wer Jesus und das Reich Gottes nicht wählt, der wird traurig.

## Wo leben wir?

Jetzt denkst du vielleicht: »Schön und gut, Uwe, in Bezug auf eine evangelistische Verkündigung ist mir das schon klar. Das Reich Gottes wird gefunden und da ist jede Menge Freude – ich weiß noch, wie ich mich bekehrt habe und wieviel Freude ich damals hatte am Reich Gottes. Alles war so toll ... Aber was ist denn jetzt mit der Verheißung, dass niemand diese Freude von uns nehmen soll?« Jesus hat nicht gesagt: »Wenn ihr mir begegnet, dann werdet ihr große Freude haben, und im Laufe der Jahre wird sich das dann etwas relativieren. Diese Freude wird dann durch Treue in der Gemeinde ersetzt. Langjährige Christen brauchen keine Freude mehr. Die sind einfach treu und warten auf den Himmel.« Das hat er alles gar nicht gesagt. So mag manchmal die Realität unseres Lebens aussehen, aber Jesus hat das nicht gesagt. Er hat nicht gesagt: »Diese Freude ist ein Wesensmerkmal von *Neubekehrten.«* Sondern er hat gesagt: *niemand soll eure Freude von euch nehmen.* Aber warum scheint das denn so ein Kampf zu sein?

»Langjährige Christen brauchen keine Freude mehr?!«

Das Reich Gottes ist Freude. Wir als Christen, als Menschen, die Jesus angenommen haben, sind Bürger dieses Reiches. Aber die Frage ist: Leben wir auch in diesem Reich? Und in welchem Umfang? Ein Bürger des Reiches Gottes zu werden durch die Wiedergeburt, das ist eine Sache. Aber die Frage bleibt: Leben wir in diesem Reich?

Meine Frau Bente lebt seit 1989 in Deutschland und ist höchstens eine oder zwei Wochen im Jahr in ihrem Heimatland Norwegen. Sie lebt also seit vielen Jahren hier und ist zugleich Bürgerin eines Reiches, in dem sie so gut wie gar nicht mehr lebt. Und manchmal, wenn sie nach Norwegen kommt, dann ist sie erstaunt darüber, was sich so verändert hat und was sich dort so tut – »man ist gar nicht mehr so drin«. Nein, sie ist ja hier drin, sie lebt ja in Deutschland und teilt ihr Leben hier mit Deutschen (wofür ich sehr dankbar bin!).

Als Jesus in der Bergpredigt das Reich Gottes gepredigt hat, da ging es nicht nur um die einmalige Entscheidung für oder gegen das Reich Gottes. Sondern es ging um den Lebensstil im Reich Gottes: Wie kann ich in diesem Reich leben? Und da sagt er uns Jüngern, die wir das Reich Gottes wollen, die wir wiedergeboren und erfüllt sind mit seinem Heiligen Geist: *Trachtet vielmehr zuerst nach dem Reich Gottes und nach seiner Gerechtigkeit* – ich ergänze: und nach seinem Frieden, nach seiner Freude im Heiligen Geist; sucht nach dem Reich Gottes und all seinen Charakteristika –, *so wird euch dies alles hinzugefügt werden!* (Matthäus 6,33). »Verlasst euch darauf, Gott ist ein wunderbarer Versorger. Und sucht diese Dinge nicht mehr, sondern richtet euer Herz auf mein Reich aus. Trachtet nicht mehr nach vergänglichen Dingen – das Reich Gottes ist nicht Essen und Trinken. Es ist Gerechtigkeit, Friede und Freude im Heiligen Geist. Richte dein Herz und dein Leben aus auf ewige Dinge. Auf die Dinge, die ich dir anbiete.«

Bürger des Reiches Gottes zu sein ist eine Sache. Aber wie sehr leben wir wirklich in diesem Reich? Wie können wir noch stärker darin leben?

Wenn ich lange mit dem Auto unterwegs bin, dann höre ich manchmal ganz gerne Musik. Häufig telefoniere ich auch stundenlang, aber dann denke ich, jetzt hörst du dir mal wirklich gute Musik an. Und als ich mich in der Beschäftigung mit dem Thema dieses Buches gefragt habe, wie ich permanent in dieser Freude leben kann, da hatte ich den Eindruck, dass der Heilige Geist mich ganz konkret fragte: »Du, schau doch mal, was du dir in diesen zweieinhalb Stunden bis Frankfurt oder Stuttgart so anhörst.« Also habe ich mir meine CDs vorgenommen und musste feststellen: Ja, es gibt auch ein paar fromme, aber eigentlich höre ich lieber die guten ... Ich mag Musik, gerne auch ein bisschen anspruchsvoller. Aber hier stand nun die Frage nach meinen Werten im

Raum. Geht es mir um meinen Qualitätsanspruch oder geht es mir ums Reich Gottes? Früher waren Christen beim Thema Musik ja sehr gesetzlich: »Ein Christ hört keine weltliche Musik.« Darüber sind wir inzwischen längst hinweg. Das ist auch gar nicht das Thema. Es geht ja nicht darum, dass man etwas nicht mehr darf oder dass ich all meine geliebten Joe-Cocker-CDs in einer radikalen Aktion einstampfen müsste. Sondern es geht um die Frage: Wie kann ich mein Leben nutzen, meine Zeit gestalten, um permanent im Reich Gottes, in der Gegenwart Jesu zu leben? Dinge zu tun, die Raum schaffen für Friede, für Gerechtigkeit, für Freude im Heiligen Geist.

Das Leben besteht aus lauter Details

Mir ist klar geworden, was der Heilige Geist mir zeigen wollte. Ich habe den alten Joe eingepackt und meine CDs erstmal alle mit ins Haus genommen. Und dann habe ich mein Auto neu ausgerüstet mit geistlicher Musik, weil sie mir gut tut und mich ermutigt, in Gottes Reich zu leben. (Und da gibt es übrigens sehr feine Sachen – christliche CDs sind nämlich gar nicht schlecht ...!)

### Die Macht der Kleinigkeiten

Das ist nur eine Kleinigkeit. Aber unser Leben besteht aus lauter Details. Wenn du morgens aufstehst und nicht gerade jemand bist, der die Hose im Treppenhaus hochzieht, weil er so spät dran ist, sondern wenn du noch ein bisschen Zeit hast, dann ist die Frage: Womit beginnt dein Tag?

Mit der Zeitung? Ist das Sünde? Nein, aber ich habe die Lektüre der Tageszeitung eigentlich auch noch nie als besonders aufbauend erlebt. Natürlich brauchen wir

Informationen. Aber die Frage ist: Ist das die Art und Weise, wie ich meinen Tag beginnen möchte? Was bringt es mir für ein permanentes Leben im Reich Gottes? Und was würde es bringen, ein gutes Buch zur Hand zu nehmen, meine Bibel zu lesen, einige Minuten einfach vor Jesus zu sein und zu sagen: »Herr, ich möchte an diesem Tag bewusst in deinem Reich leben«?

Wie gestalten wir eigentlich unsere Freizeit? Was bringt es mir, mich wahllos vor den Fernseher zu setzen? (Vielleicht tust du das ja nie. Ich erzähle einfach mal, wie es mir so geht.) Kennst du das Gefühl: Du hast einen langen und schweren Tag hinter dir, willst nur noch deine Ruhe haben, und wenn dich jetzt einer auffordern würde: »Preis den Herrn!«, dann würdest du den am liebsten erwürgen. Kennst du das? Da ist die Versuchung ziemlich groß, sich einfach vor den Fernseher zu setzen. Aber ich habe mir vorgenommen, meinen Fernseher nicht mehr einzuschalten, wenn ich nicht weiß, was ich überhaupt schauen will. Warum? Weil ich eigentlich zu einem Reich gehöre, das mir totale Freude verspricht, Freude ohne Ende. Und weil ich die Erfahrung gemacht habe, dass es mir vielleicht schon ein bisschen Spaß bringt, wenn ich ständig „draußen“ nach Freude, Erfüllung oder einfach Entspannung suche, dass ich aber anschließend total leer bin. Ich bin nach dem Fernsehen überhaupt nicht erbaut. Manchmal bin ich noch nicht mal erholt und habe komischerweise den Eindruck, ich müsste jetzt noch einen Film schauen. Es ist äußerst selten, dass ich nach dem Fernsehen den Eindruck habe: Mensch, das war lohnend, das war richtig schön! Sondern viel häufiger bin ich aufgekratzt, missgelaunt. Das erlebe ich bei mir selbst und offenbar geht es manchen Menschen um mich herum so ähnlich, auch Christen.

Manchmal wird das dann so unnatürlich – du kommst schlecht gelaunt in den Gottesdienst und singst: »Freude bricht sich Bahn, wenn der König kommt ...« und dabei kommst du dir schon ziemlich komisch vor. Dann sagt der Lobpreisleiter von vorne: »Kommt, das ist eine Entscheidung, macht euch nicht von euren momentanen Gefühlen abhängig ...« Und das stimmt ja auch. Aber irgendwann werden dich deine Kinder mal fragen: »Sag mal, Papa, können wir das nicht mal andersrum machen, dass du zu Hause gut drauf bist und in der Gemeinde griesgrämig?«

»Warum nicht mal in der Gemeinde gut drauf sein und zu Hause gries-grämig?«

Wir sind Bürger des Reiches Gottes, aber leben wir auch in diesem Reich? Die große Frage, wie sehr wir darin leben, hat mit ganz kleinen Entscheidungen zu tun, die wir Tag für Tag treffen: Wie gestalte ich eigentlich mein Leben? Wonach trachte ich eigentlich zuerst? Wessen Herz für Gottes Reich schlägt, der wird immer wieder erfüllt werden von der Freude dieses Reiches. Davon bin ich überzeugt. Und wer es an weltliche, an vergängliche Dinge hängt, der wird immer wieder traurig zu Bett gehen wie der reiche Mann, der Jesus begegnet ist. *Denn er hatte viele Güter.* Viele Videos. Viele gute CDs. Viele Zeitungen gelesen. Viele Hobbys. Viele Karrieregedanken. Viele Äußerlichkeiten, von denen er sich etwas versprach. Wer sein Herz an diese Dinge hängt, der wird traurig seinen Weg gehen, als frommer Mensch doch traurig sein.

## Die Kraft der ersten Christen

Die frühe Christenheit war davon gepackt und erfüllt: »Jesus lebt und er ist unser Herr und wir leben in einem neuen Reich.« Und sie lebten in diesem Reich, sie lasen die Bergpredigt, sie hörten wieder und wieder, wie man in diesem neuen Reich zu leben habe. Sie lebten mit Lobpreis, sie trafen sich täglich und es war ihnen nicht gleich alles zuviel.

Weißt du, warum uns Christen manchmal alles zuviel ist? Weil wir unsere Freude an Jesus und an seinem Reich schon lange verloren haben. Und dann kann einem auch alles zuviel sein. Dann kann einem bald schon der Sonntagmorgengottesdienst als einziger Gemeindetermin zu viel werden. Und dann taucht der Gedanke auf, ob man nicht nur jede zweite Woche gehen sollte oder sich vorher mal erkundigen, wer predigt.

Das war die Stärke der Urgemeinde: Sie hatten gewählt. Wir evangelikalen Christen haben doch genau das bei unseren Evangelisationen immer wieder gehört: Du musst wählen, du musst dich entscheiden. Aber haben wir noch auf der Rechnung, dass wir täglich neu wählen müssen? Den Pass des Reiches Gottes in der Tasche und ein Gesicht, das von der Hölle kundet, von Frustration, von Trauer und von schlechter Laune und von allem möglichen?

Jesus hat den Mund nicht zu voll genommen. *»Niemand soll eure Freude von euch nehmen.* Sie gehört euch. Ihr seid Bürger des Reiches Gottes – nun lebt auch darin.«

**Schluss mit lustig: Jetzt wird's ernst!**

1. Was ich Gott sagen will: ................................................

..................................................................................

..................................................................................

..................................................................................

2. Was mir aufgefallen ist: ................................................

..................................................................................

..................................................................................

..................................................................................

3. Fragen, die bleiben: ................................................

..................................................................................

..................................................................................

..................................................................................

4. Womit ich ernst mache: ................................................

..................................................................................

..................................................................................

..................................................................................

# 2.

# Konkret: Auf dem Weg zur Freude

*Ich bin der wahre Weinstock, und mein Vater ist der Weingärtner. Jede Rebe an mir, die keine Frucht bringt, nimmt er weg; jede aber, die Frucht bringt, reinigt er, damit sie mehr Frucht bringt. Ihr seid schon rein um des Wortes willen, das ich zu euch geredet habe. Bleibt in mir, und ich [bleibe] in euch! Gleichwie die Rebe nicht von sich selbst aus Frucht bringen kann, wenn sie nicht am Weinstock bleibt, so auch ihr nicht, wenn ihr nicht in mir bleibt.*

*Ich bin der Weinstock, ihr seid die Reben. Wer in mir bleibt und ich in ihm, der bringt viel Frucht; denn getrennt von mir könnt ihr nichts tun. Wenn jemand nicht in mir bleibt, so wird er weggeworfen wie die Rebe und verdorrt; und solche sammelt man und wirft sie ins Feuer, und sie brennen.*

*Wenn ihr in mir bleibt und meine Worte in euch bleiben, so werdet ihr bitten, was ihr wollt, und es wird euch zuteil werden. Dadurch wird mein Vater verherrlicht, dass ihr viel Frucht bringt und meine Jünger werdet.*

*Gleichwie mich der Vater liebt, so liebe ich euch; bleibt in meiner Liebe! Wenn ihr meine Gebote haltet, so bleibt ihr in meiner Liebe, gleichwie ich die Gebote meines Vaters gehalten habe und in seiner Liebe geblieben bin. Dies habe ich zu euch geredet, damit meine Freude in euch bleibe und eure Freude völlig werde.*

Johannes 15,1–11

Was für ein schöner Text! Was für ein vollmundiger Text! Als Christen, die die Bibel als Maßstab sehr ernst nehmen, haben wir ja manchmal so eine Art Feindbild »liberale Theologie« mit ihrer Bibelkritik, die »das Wort Gottes nicht mehr ernst nimmt«. Die zum Beispiel sagt: »Wunder sind nie wirklich passiert«. Wir lieben die Bibel, sie ist tatsächlich Gottes Wort, und das bedeutet uns sehr viel. Und doch, scheint mir, betreiben wir Frommen manchmal unsere eigene Art der Bibelkritik. Das ist nämlich dann der Fall, wenn wir zwar alles ganz und gar richtig finden, was wir in einem Bibeltext finden, aber überhaupt nicht mehr die Frage stellen, was das eigentlich mit unserem Leben zu tun hat: »Ist das hier nicht zu vollmundig? Erlebe ich das selbst noch irgendwo? Klaffen meine christliche Theorie und meine Lebenspraxis hier womöglich Lichtjahre auseinander?« Wenn es da tatsächlich so eine große Diskrepanz gibt, muss das ja nicht so bleiben – Gott in seiner Gnade kann uns Veränderung schenken. Aber manchmal ist uns dieser Widerspruch gar nicht mehr bewusst. Dann sitzen wir in unserer frommen Nische, wo wir uns diese tollen Verheißungen anschauen, uns Predigten anhören und geistliche Bücher lesen und bewerten und am Ende sagen: Wirklich wunderbar, Gottes Wort ist so schön! Ich merke, wie mich diese Frage in letzter Zeit mehr und mehr beschäftigt: Wieviel von dem, was ich sehr wohl für richtig halte, erlebe ich eigentlich wirklich?

Wieviel von dem, was ich für richtig halte, erlebe ich eigentlich wirklich?

## Völlige Freude, die bleibt

Sehen wir uns zum Beispiel den letzten Vers in diesem Abschnitt noch einmal an. *Dies habe ich zu euch geredet, damit meine Freude in euch bleibe und eure Freude völlig werde* (Johannes 15,1–11). Wir haben also hier die Verheißung sowohl einer bleibenden als auch einer völligen Freude. Wenn ich jetzt so darüber nachdenke, dann habe ich den Eindruck, dass ich ganz schön oft doch auch ziemlich bedrückt sein kann. Mürrisch, frustriert, niedergeschlagen, übelgelaunt. (Ob du als gestandener Christ überhaupt noch weißt, wie sich das anfühlt ...?) Und wenn ich dann mal ganz kritisch hinschaue, dann frage ich mich, ob diese Gemütslage, so ein negatives Lebensgefühl nicht sogar überwiegt. Ich meckere über dieses und motze über jenes, und überhaupt ist heute nichts mehr, wie es war und früher war alles besser ...

Ich meckere über dieses und motze über jenes

Natürlich muss dann die Frage auf den Tisch: Was ist mit dieser Verheißung? Was ist mit dieser Verheißung einer Freude, die permanent bleibt? Sie soll ja nicht gelegentlich aufblitzen, sondern sie soll »in euch bleiben«. Und was ist das für eine Freude, die völlig ist? Ich gebe zu, das habe ich auch noch nicht ganz verstanden, da bin ich noch unterwegs.

Wie bereits erwähnt, geht es dabei ja nicht um berechtigte Trauer. Wenn ein lieber Mensch stirbt oder wenn Dinge wirklich schlecht laufen, dann hat Trauer natürlich ihren Platz. Na klar ist man traurig, wenn ein Kind eine schwierige Phase hat und vielleicht die Schule wechseln muss. Wir sind schließlich keine Überflieger. Aber das ist hier auch gar nicht gemeint. Sondern angesprochen wird hier, bei aller Trauer und bei allen schwierigen Situationen im Leben, ein bleibender Grundton der Freude: Ich habe Jesus. Eine übernatürliche Freude, die in mir ist und die bleibt, und zwar nicht als eine Reaktion auf Impulse von außen, sondern die in mir selbst entsteht. Als eine Frucht des Heiligen Geistes.

Ein letztes Mal die Frage: Aber hat Jesus den Mund hier nicht doch ein bisschen zu voll genommen? Hat er vielleicht gemeint, dass seine Freude *manchmal* gegenwärtig sein würde? So während der Stillen Zeit oder kurz danach, die Viertelstunde hinterher. Im Gottesdienst. Nach einer Freizeit natürlich, wo es so richtig intensiv war, auch mal drei, vier Tage. Aber dann wissen wir wieder ungefähr, wo's lang geht, sind so ein bisschen aufgefrischt mit der Freude. Aber ernsthaft, dass diese Freude tatsächlich, unabhängig von unserem Alltag, bleibt oder gar völlig werde – hat Jesus da zuviel versprochen?

Wäre das theoretisch möglich? Du meinst: Absolut undenkbar, das ist abwegig. Okay, es ist abwegig, das sehe ich ein. Ich freue mich, dass du dich so einsetzt für die Heilige Schrift, und bin da ganz auf deiner Seite. Aber ich möchte gerne erleben, dass etwas davon in meinem Leben geschieht. Ich möchte erfahren, wie dieser Grundton der Freude mein Leben prägt. Und natürlich werde ich immer mal einen schlechten Tag haben oder etwas mürrisch sein – aber das kann doch nicht die Norm sein, wenn Jesus uns hier etwas ganz anderes verspricht.

### Mit Gott in Beziehung

Wann immer wir in der Bibel eine Verheißung entdecken, können wir schnell feststellen: Es gibt einen Zusammenhang zwischen Verheißung und Bedingung. Ich möchte mal behaupten, es gibt in der Bibel überhaupt keine Verheißung ohne eine Bedingung. Warum nicht? Weil Gott sich unsere Reaktion wünscht, weil er sich nach lebendiger Beziehung mit uns sehnt. Verheißungen sollen uns heiß machen auf das, was Gott verspricht. Natürlich hat Jesus längst alles getan. Natürlich geht all das von Jesus aus, er wirkt ja sogar noch das Wollen und Vollbringen in uns und gibt uns Kraft, diese Bedingungen auch zu erfüllen. Und doch will der souveräne Gott, dass wir reagieren.

> Gott wünscht sich, dass ich auf seine Liebe reagiere

Früher war mein Denken stark davon geprägt, dass all das, was ich gemacht habe, immer unheimlich wichtig war. Natürlich hatte Gott gewisse Voraussetzungen geschaffen durch das Opfer Jesu am Kreuz, aber nun war ich dran – und fühlte mich damit auch ein bisschen alleine gelassen, das jetzt alles auf die Reihe zu kriegen.

Ich bin Gott dankbar, dass er mein Denken da verändert hat. Selbstverständlich habe ich etwas beizutragen, natürlich gibt es Bedingungen, Dinge, die Gott sich von mir wünscht. Aber als erstes wünscht er sich, dass ich auf seine Liebe reagiere.

Mir hilft da das Bild von einem Vater, der mit seinem Kind Fußball spielt. Wir Väter können ja nicht früh genug damit anfangen: Der Kleine hat eine Riesenwindel um den Popo, kann halbwegs gerade stehen, da kommt der Papa mit dem Ball nach Hause, und das verheißungsvolle Strahlen in den väterlichen Augen signalisiert dem Kind: Dies ist ein bedeutender Moment! In dem Ballspiel, das der Vater mit seinem kleinen Kind dann anzettelt, geht's eigentlich gar nicht um die sportliche Befriedigung von Papa. Sondern Hauptsache, Papa und Sohn spielen miteinander. Man rollt den Ball vor die Füße des Kindes und ruft: »Jetzt, schieß ... schieß ... schieß!« Der Kleine tritt den Ball, der fliegt natürlich in eine ganz andere Richtung, kein Mensch steht dort. Aber Papa rennt los, holt den Ball, freut sich überschwänglich: »Klasse gemacht!« Wieder spielt er dem Junior den Ball zu: »So, jetzt du noch mal, genau auf den Papa!« Pau, genau auf die andere Seite. Papa ist unterwegs, holt den Ball wieder, juchzt begeistert: »Klasse, super Schuss! Das war eins a!«

Ja, welcher Vater käme denn auf die Idee, zu sagen: „Manno, das macht überhaupt keinen Spaß, mit dir kann man gar nicht richtig Fußball spielen!" Alles, was wir wollen, ist doch, dass sie reagieren, oder? Wir möchten das Leuchten in ihren Augen sehen, wenn diese kleinen Beinchen aus dem dicken Windelpaket versuchen, den Ball zu treten, wenn da Leben ist – wir spielen miteinander, sie reagieren auf uns! Wir sind gerne bereit, den Ball aus dem Baum zu holen, ihn aus dem Teich zu fischen, uns im Nachbargarten mit dem Dobermann auseinanderzusetzen – beinahe jeden Preis zu zahlen, nur damit unsere Kinder auf uns reagieren.

Genauso geht es Gott mit uns. Und je länger wir im Zusammenspiel auf Gott reagieren, desto öfter werden wir den einen oder anderen Pass auch mal gerade spielen. Es gibt in der Heiligen Schrift dieses Verhältnis zwischen Verheißung und Bedingung. Gott gibt uns also diese Verheißung einer permanenten, völligen Freude und knüpft sie an Bedingungen. In Vers 11 heißt es: *Dies habe ich zu euch geredet,* und ich finde, bei so einer phantastischen Verheißung lohnt es sich, einmal genau hinzusehen: Was hat er denn da geredet?

## In Jesus bleiben

Nehmen wir Vers 7: *Wenn ihr in mir bleibt und meine Worte in euch bleiben ...* »Bleiben« ist in diesem fünfzehnten Kapitel des Johannes-Evangeliums ein Schlüsselwort. Es kommt andauernd vor: Wir sollen in Jesus bleiben, er in uns, sein Wort in uns, wir in seiner Liebe, seine Freude in uns – Weinstock und Rebe. Dreizehnmal kommt das Wort »bleiben« in diesem Abschnitt vor, immer wieder: bleiben, bleiben, bleiben.

Das Wunderbare an diesem Text ist: Wir müssen jetzt nicht etwa den griechischen Grundtext untersuchen, um herauszufinden, was genau das bedeutet. Sondern Jesus malt hier ein geniales Bild, und damit ist auch ganz klar, was mit diesem Bleiben gemeint ist. In Vers 5 heißt es: *Ich bin der Weinstock, ihr seid die Reben. Wer in mir bleibt und ich in ihm ...* Weinstock – Reben. Was für ein Bild! Es ist ein Bild mit großer Dynamik, kein statisches Bild. Da ist Leben drin. Da fließt etwas vom einen zum anderen. Hier geht es nicht einfach um ein Bleiben im Sinne eines Abhängens. Sondern hier beschreibt Jesus ein dynamisches Bleiben mit einer starken inneren Verbundenheit. Da fließt etwas.

Was bedeutet es also, in Jesus zu bleiben? Es bedeutet, mich im Glauben an Jesus zu binden. In Bezug auf meine Errettung und meine Ewigkeit setze ich nicht auf meine eigene Kraft oder Gerechtigkeit oder Leistung, nein, ich vertraue Jesus von ganzem Herzen. Ich bin in Christus. Und er ist in mir. Und all meine Hoffnung für meine Zukunft, für meine Bewahrung, für meine

Versorgung, für die Ewigkeit, habe ich in Christus. Das bedeutet es, in ihm zu bleiben. Sicher ist das immer wieder mal umkämpft, von der eigenen Leistung, von Selbstsicherheit: »Ich krieg das schon hin, das habe ich schon oft gemacht.« Da sind unsere Lebenskrisen dann äußerst hilfreich. Wenn es uns geht wie den Jüngern allein im Boot, und die See tobt vom Sturm, und wir merken: Gar nichts kriegen wir hier hin! Wir gehen unter! Das sind dann die Momente in unserem Leben, in denen Jesus seine starken Auftritte hat, wo er uns sicher ans Ufer bringt und wir wieder neu lernen dürfen: Mensch, ich will mein ganzes Vertrauen auf Jesus Christus setzen. Ich möchte in ihm bleiben.

In Jesus bleiben heißt, meine ganze Erwartung in das zu setzen, was er für mich tut

Das bedeutet Christ sein. Es ist nichts Statisches. Manche Leute sagen: »Ja, ich bin zwar kein Kirchgänger oder so, aber ich gehöre halt dazu.« Doch durch die Mitgliedschaft in einer Kirche ist man eben nicht automatisch Christ. Christsein ist eine Beziehung. In Jesus bleiben bedeutet diese Rückbindung an ihn, dass die ganze Zeit etwas vom Weinstock in die Rebe hineinfließt. Dass die ganze Zeit eine Heilswirkung ausgeht von diesem Weinstock und in dieser Verbundenheit mit Jesus. Ich in ihm und er mit mir – das ist eine tägliche Sache. Natürlich mal mehr und mal weniger, natürlich verlieren wir ihn auch mal aus den Augen und dürfen dann wieder umkehren und uns ihm wieder ganz neu nähern. Aber in Jesus bleiben heißt, unseren ganzen Glauben, unsere ganze Erwartung hineinzusetzen in das, was Jesus für uns tut.

Und hier entdecken wir auch schon eine erste Quelle großer Freude – nämlich die Freude an Jesus selbst. Wer mit Jesus lebt, wer wirklich dran bleibt in dieser Beziehung, der wird Freude an Jesus selbst haben. Ich lebe seit vielen Jahren mit Jesus und ich würde nicht behaupten, dass das immer gleichmäßig gewesen wäre. Aber ich kann doch behaupten, dass ich ihn mehr und mehr kennenlerne, dass ich ihn immer mehr liebe. Und je mehr ich ihn liebe, je mehr ich ihn kennenlerne, je mehr von ihm in mein Leben hinein geflossen ist, desto mehr freue ich mich über Jesus. Ich freue mich über das, was er für mich getan hat. Und Jesus wird mir immer größer.

> Früher war »mein« Jesus unheimlich lieb, aber auch ganz schön harmlos

Vor Jahren war »mein« Jesus ziemlich klein – unheimlich lieb, aber auch ganz schön harmlos. Ich habe ihn geliebt, er hat mich erlöst, er hat manches für mich getan ... Doch im Laufe der Jahre ist mein Verständnis von ihm gewachsen! Ich liebe ihn heute mehr als an jedem anderen Punkt meines Lebens. Und er ist mir größer und bedeutsamer als je zuvor. Er ist mein Herr.

### Gottes Wort in unserem Leben

*Wenn ihr in mir bleibt und meine Worte in euch bleiben ...* Was bedeutet der zweite Teil dieses Satzes, was heißt es, wenn seine Worte in uns bleiben? Auch hier geht es nicht um etwas Statisches, das es nur zu bewahren gälte. Es bedeutet mehr als auswendig gelernte Bibelverse.

Drei Männer machen ihrer Mutter ein großartiges Geschenk. Alle sind längst aus dem Haus, zwei sind stinkreich geworden: Der Älteste hat eine große Firma aufgebaut, auch der zweite Sohn hat eine steile Karriere hinter sich. Nur der Jüngste ist leider nur Pastor geworden, Theologe. Nach Jahren wollen sie ihrer Mutter eine Freude machen.

Der erste schenkt ihr eine Riesenvilla mit Angestellten und allem drum und dran. Der zweite schenkt ihr eine Limousine mit Fahrer. Und der dritte – ja, was soll er denn machen, der arme Theologe? Wie soll er da denn mithalten? Aber schon ganz früh hat er etwas vorbereitet, noch während seines Studiums: Er hatte sich einen Papagei gekauft und nach sechs Jahren täglichen Trainings konnte dieser Vogel das ganze Neue Testament auswendig. Der jüngste Sohn schenkte seiner Mutter also diesen bibelfesten Papagei.

Einige Wochen, nachdem sie die Geschenke ihrer drei Söhne bekommen hatte, schrieb die Mutter jedem von ihnen einen Brief. Dem ersten schrieb sie: »Mein lieber Junge, du bist so ein großer Firmenchef geworden, und nun hast du mir dieses Riesenhaus vermacht – aber ganz ehrlich, ich war in der Seniorenwohnanlage eigentlich doch glücklicher. Da waren viele andere Menschen, und was soll so eine alte Frau wie ich in diesem riesigen Haus? Vielen herzlichen Dank, aber eigentlich möchte ich wieder zurück dahin, wo ich vorher gelebt habe.«

An den zweiten schrieb sie: »Du hast mir da ein ganz wunderbares Auto geschenkt, mein Lieber. Aber ich bin so dankbar gewesen, dass ich noch in den Bus kam, und da hat man immer Leute getroffen. Und jetzt sitze ich ganz verloren dahinten in meinem Auto und lasse mich von diesem jungen Mann herumkutschieren. Was soll eine alte Frau mit solch einem Fahrzeug?«

»Aber du«, schrieb sie ihrem Dritten, »du weißt, worauf es ankommt. Du weißt, wie man das Herz einer alten Frau noch einmal richtig glücklich machen kann: Das war mit Abstand das beste Brathähnchen, das ich seit langem ...« Man stelle sich vor, dieser Vogel kannte das ganze Neue Testament – und, hat es ihm etwas genutzt?

Wenn Jesus davon spricht, dass sein Wort in uns bleibt, dann geht es hier nicht ums Auswendiglernen, sondern um die dynamische, lebendige Beziehung zwischen Weinstock und Rebe. Sicher ist Auswendiglernen eine gute Übung. Aber das alleine ist es nicht. Paulus schreibt einmal: *Lasst das Wort des Christus reichlich in euch wohnen* (Kolosser 3,16).

Vielleicht gibt's ja in deiner Wohnung ein altes Sofa. Da hat schon dein Großvater drauf gesessen. Das ist schon viel länger da als du. Und trotzdem würde niemand sagen: »Ja, dieses Sofa *wohnt* hier seit vier Generationen.« Nein, das Sofa *steht* da. Es ist Mobiliar. Jemand, der sich von seiner Familie nicht geschätzt fühlt, der sagt: »Ich werde hier behandelt wie ein Möbelstück.« Menschen *wohnen* – Möbel nicht. Und so dynamisch und lebendig will Gottes Wort unter uns wohnen, weil es lebendig ist: *Denn das Wort Gottes ist lebendig und wirksam* (Hebräer 4,12).

Wenn das Wort Gottes in uns wohnen soll, dann ist es wichtig, dass es in unserem Leben Wohnraum bekommt. Eben nicht nur in unserem Erinnerungsvermögen, sondern in unserem gesamten Leben. Dieses Zimmer sollte auch nicht zu klein sein, das Wort will nämlich *reichlich* bei uns wohnen. Und dieses Wort Gottes hat irgendwie so die Vorstellung einer Wohngemeinschaft – es möchte gerne Zutritt zu allen anderen Zimmern haben. Das Wort Gottes stellt sich vor, Zutritt zur Küche zu haben und vielleicht auch mal was zu deinen Essgewohnheiten zu sagen. Das Wort Gottes stellt sich vor, Zutritt zum Wohnzimmer zu haben, und vielleicht auch mal was dazu zu sagen, was aus dieser viereckigen Kiste, dem Fernseher, gepredigt wird. Vielleicht auch mal in Frage zu stellen, ob es der Familie eigentlich gut tut, dass man dieses Ding von morgens bis abends an hat, sich wahllos alles mögliche anschaut, fast in der Manier eines Götzen, um den herum sich die Familie versammelt – sofern sie sich denn überhaupt noch versammelt. Das Wort Gottes möchte hier nicht meckern und mit erhobenem Zeigefinger Vorwürfe machen. Nein, es möchte sagen: »Leute, ihr wollt doch leben! Und Gott möchte doch, dass ihr lebt! Und er hat doch Leben. Ich weiß, was ihr sucht, wenn ihr diese Kiste wahllos anschaltet, wenn ihr euch mit allen möglichen Reizen einlullt. Ich weiß, was ihr sucht. Das, was alle Menschen suchen: Freude ohne Ende! Jesus hat doch Freude ohne Ende«, das möchte das Wort sagen, das in dir wohnen will – auch in deinem Hobbykeller, deinem Schlafzimmer und im Büro, wo du deine Finanzabrechnung machst. Das lebendige Wort wünscht sich freien Zugang zu allen Bereichen unseres Lebens. Eine offene Wohngemeinschaft. (Die 68er wären begeistert gewesen!)

> In einer Wohngemeinschaft mit dem Wort Gottes leben

Das Wort Gottes ist lebendig, aber es braucht Raum in unserem Leben. Sich sonntags eine Predigt anzuhören, ist ein Anfang. Aber ob das schon bedeutet, dass das Wort in uns wohnt? Wenn es in unserem Leben Raum findet, dann heißt das, dass wir darüber nachdenken, dass wir mit diesem Wort verbunden sind, dass wir damit leben.

Manche Christen sind diesbezüglich etwas verschreckt. Vielleicht liegt es an ihrer religiösen Vergangenheit, wo es vor allem darum ging, Bibelverse auswendig zu lernen. Als Belohnung gab es dann einen Preis in der Sonntagsschule, zu Weihnachten ein wertvolleres Geschenk – Hauptsache, irgendwie gelernt. Aber Gottes Wort will viel mehr als das, es ist ein lebendiges Wort, es will durch den Heiligen Geist in uns leben. Durch sein Wort wohnt sogar Jesus selbst in uns. Denn er ist doch das Wort: *Im Anfang war das Wort, und das Wort war bei Gott, und das Wort war Gott. Und das Wort wurde Fleisch und wohnte unter uns* (Johannes 1,1+14a).

Ist dir aufgefallen, dass Jesus in den ersten Versen von Johannes 15 sagt: *Bleibt in mir, und ich [bleibe] in euch!* und später: *Wenn ihr in mir bleibt und meine Worte in euch bleiben* ...? Offensichtlich ist das austauschbar. Das bedeutet nicht, dass Jesus automatisch durch die Bibel, durch auswendig gelernte Verse in uns lebt. Aber wenn Gottes Wort durch den Heiligen Geist in uns lebendig ist, dann wohnt Jesus durch dieses Wort in uns.

### Wie anstrengend ist die Bibel?

Hier stoßen wir zugleich auf eine zweite Quelle der Freude – echte Freude am Wort Gottes. In Psalm 119,162 lesen wir: *Ich freue mich über dein Wort wie einer, der große Beute findet.* Ein lebendiges Wort, über das wir uns wirklich freuen können.

Vielleicht denkst du jetzt bei dir: »Das ist ja alles schön und gut, aber ich erlebe meine Bibellese meistens nicht so wie einer, der große Beute findet! Ich bin, ehrlich gesagt, immer dankbar, wenn's vorbei ist. Wenn ich mein Gewissen beruhigt habe, wieder was gelesen habe usw. Ich meine, ich will ja auch dran bleiben, aber ...« Dieser Einwand ist wichtig. Schließlich soll ja im Alltag tauglich sein, was wir hier bedenken. Ich gebe zu, das Wort Gottes kann richtig schwierig sein. Manchmal ist es ziemlich kompliziert und wirklich schwer, etwas zu verstehen.

»Die Augen eines Dreijährigen müssen strahlen!«

Ich habe mir schon mal anhören müssen, dass die Predigten in unserer Gemeinde zu kompliziert seien – schließlich habe Jesus gesagt, jedes Kind müsse das Wort Gottes verstehen. So ein Unsinn! Dann, meine lieben Kritiker, reißt als erstes mal den Römerbrief aus der Bibel und haut den in die Tonne, den versteht nämlich kein Kind: Das Kind, das den Römerbrief versteht, das macht auch mit sechs Jahren Abitur. »Die Augen eines Dreijährigen müssen strahlen bei der Predigt, so leicht verständlich muss die sein!«, so die Vertreter dieser Meinung. Aber Jesus sprach über die Prinzipien des Reiches Gottes, darüber, wie ich zu Gott komme. Und das hat zweifelsohne viel mit kindlichem Glauben zu tun.

Aber das Wort Gottes kann trotzdem ganz schön schwierig sein. Und es gehört dazu, beim Bibelstudium nicht nur die modernste Bibelübertragung zu verwenden, sondern mehrere Übersetzungen hinzuzuziehen. Das ist nicht immer einfach, ist natürlich auch eine Frage der Disziplin, aber es birgt die Verheißung von Freude in sich. Niemand behauptet, es würde alles immer nur Spaß machen, wenn wir Christus nachfolgen. Sondern die Behauptung steht im Raum, dass das zu völliger Freude führt.

Eine schwer verdauliche Predigt, die Entsetzen verbreitete

Jesus hat einmal eine Predigt gehalten, die für seine jüdischen Zuhörer eine absolute Zumutung war. Er sagte: *Wenn ihr nicht das Fleisch des Menschensohnes esst und sein Blut trinkt, so habt ihr kein Leben in euch* (Johannes 6,53b). Diese Botschaft mutet selbst uns etwas seltsam an, und wir sind als Christen zum Beispiel durch das Abendmahl einigermaßen an diese Metapher gewöhnt. Aber für Juden hörte sich das ziemlich nach Kannibalismus an. Und so meinten die Zuhörer – selbst die, die Jesus nachgefolgt sind: »Also wirklich, was war denn das für eine harte Rede! Lass uns hier lieber verschwinden, wir haben uns wohl getäuscht. Das war's doch nicht.« Diese schwer verdauliche Predigt verbreitete zunächst mal überhaupt keine Freude, sondern Entsetzen. Und einige zogen sich tatsächlich zurück und folgten Jesus nicht mehr nach. Da wandte sich Jesus an die zwölf Jünger und fragte: *Wollt ihr nicht auch weggehen? Da antwortete ihm Simon Petrus: Herr, zu wem sollen wir gehen? Du hast Worte ewigen Lebens* (Johannes 6,67–68).

Ewiges Leben bedeutet nicht einfach nur, für immer zu leben. Jeder Mensch lebt für immer – in Gemeinschaft mit Gott oder getrennt von ihm. Ewiges Leben in Jesus bedeutet vielmehr ein Leben, das von der Ewigkeit her bestimmt ist. Das von dieser Qualität völliger Freude geprägt ist, von diesem Frieden, dieser Geborgenheit, diesem Sein in Jesus. Und es ist kein Widerspruch, dass die Qualität des Himmels dein Leben erfüllt und dass dazu auch schwer verdauliche Kost gehört. Natürlich gab es unter seinen Zuhörern die Oberflächlichen, die, die einfach nur Spaß wollten, die Hurra-Schreier, die der Meinung waren: »Die Predigt, hier, die muss richtig abgehen, die muss zischen wie eine Rakete, dann klopfen wir unserem Jesus auch alle auf die Schulter. Aber, Entschuldigung, das Fleisch des Menschensohnes essen und sein Blut trinken – igitt, was soll das denn?! Tut uns leid, also da sehen wir uns lieber noch mal woanders um. Es gibt ja auch noch andere Rabbis.« *Wollt ihr nicht auch weggehen?,* fragte Jesus, und Petrus antwortete nicht etwa: »Ach, Herr, so schlecht fand ich deine Predigt gar nicht. Ich habe es jedenfalls direkt kapiert.« Sondern er fragte zurück: »*Herr, zu wem sollen wir gehen?* Wenn wir eins kapiert haben, dann das: Du hast Worte ewigen Lebens. Worte einer Lebensqualität, die von der Ewigkeit her geprägt ist. Herr, und wir bleiben. Wir halten das aus. Auch wenn es bedeutet, so eine Predigt durchzustehen, die einem etwas quer im Magen liegt.«

Andererseits kann man es sich natürlich auch unnötig schwer machen. Mancher meint, er müsste die Bibel unbedingt innerhalb eines Jahres von vorne bis hinten gelesen haben, und liest stur jeden Tag seine sechs, sieben Kapitel, um sie dann abhaken zu können. Ob das dann wirklich so insprierend ist? Andere quälen sich in ihrer morgendlichen Stillen Zeit durch die kleinen Propheten, Geschlechtsregister und Gesetzesvorschriften aus dem Alten Testament.

Mir kommt die Bibel manchmal wie ein Auto vor – natürlich sind alle Teile wichtig, damit es funktioniert und sicher ist. Aber um das Auto zu fahren, muss der

Fahrer sich nicht mit allen Details auskennen. Wenn wir beim Wesentlichen anfangen, bei den zentralen Inhalten des Neuen Testaments, können wir uns anschließend immer noch durch den Rest der Bibel durcharbeiten.

»Dann klappt das ja doch noch mit dem Lamborghini«

**Gott beantwortet Gebet**

Wenn wir in Jesus sind und seine Worte in uns bleiben, dann wird uns als erstes in Aussicht gestellt, dass Gott unsere Gebete erhört: *Wenn ihr in mir bleibt und meine Worte in euch bleiben, so werdet ihr bitten, was ihr wollt, und es wird euch zuteil werden.* An dieser Stelle meldet sich meistens unser Ego. Wir werden auf einmal hellwach. »Das klingt gut! Dann klappt das ja vielleicht doch noch mit dem Lamborghini. Oder mit der Segelyacht!« Und so mancher Junggeselle im fortgeschrittenen Alter schaut sich auf einmal aufmerksam um und denkt sich: »Dann schau ich doch noch mal, für welche Schwester ich hier beten werde, die noch zu haben ist ...« Da könnte also manches an eigenen Wünschen hochkommen. Aber natürlich ist auch bei diesem Bibeltext der Zusammenhang wichtig. In Johannes 15,3 heißt es: *Ihr seid schon rein um des Wortes willen, das ich zu euch geredet habe.* Es geht also um gereinigte Menschen, um Menschen, die durch das lebendige Wort, das in uns wohnt, gereinigt wurden. Und natürlich wurde auch unser Herzenswunsch in uns gereinigt. Wir haben verstanden, wie Jesus zum Mammon steht, was er über wahren Reichtum sagt. Über wahre Lebensqualität. Worauf es wirklich ankommt in diesem Leben. Wir haben gelernt, sein Reich über alles zu lieben, uns an seinem Reich zu freuen, und wir beten auf einmal ganz anders! Findest du das ein wenig enttäuschend? Jesus bietet dir wahre Lebensqualität. Seine Großzügigkeit ist fast nicht auszuhalten.

Stell dir vor, der Inhaber eines großen Betriebes nimmt seinen sechsjährigen Sohn in den Sommerferien ab und zu mit in die Firma und er darf zuschauen, wo der Papa arbeitet. Der Junge ist überwältigt: Hunderte von Angestellten, und der Papa ist der Besitzer und Chef – er gibt Befehle. Der Junge macht sich so seine Gedanken: »Wenn ich das mal alles erbe, dann mache ich das ganz anders. Dann setze ich mich in mein Büro, und dann lass ich mir erst mal dreißig Lutscher kommen. Das kann sich die Firma bestimmt leisten, die ist ja ganz reich. Und danach Eis. Und anschließend Wackelpudding. Und danach bestelle ich mir Videos. Schließlich bin ich dann der Chef, und hier ist genug Geld. Dann kann ich endlich machen, was ich will!«

Der Vater greift das Anliegen des Sohnes pädagogisch geschickt auf und sagt: »Ja, mein Sohn, wenn du bei mir bleibst, dann wird der Tag kommen, an dem du auf diesem Stuhl sitzt und dann kannst du dir tatsächlich bestellen, was du willst.« Als der Junge fünfzehn ist und sich sein Mofa selbst erarbeiten muss (!), während andere das von ihren Eltern bekommen, da ist ihm eins klar: »Wenn ich die Firma mal übernehme, dann läuft das hier anders. Dann stehen mehrere Sportwagen auf dem Parkplatz. Und ich werde mein Leben sowieso ganz, ganz anders leben. Und vielleicht werde ich diesen Laden auch einfach verhökern und mich irgendwo in die Karibik absetzen.« Er hat konkrete Pläne.

Aber als er fünfundzwanzig ist, mittlerweile Juniorchef in der Firma, sieht das irgendwie ganz anders aus. Und als er sie später dann tatsächlich übernimmt, macht er gar nicht so viel anders als sein Vater. Er bittet, worum er will – der Firma geht es gut, es ist genug Geld da und fähige Mitarbeiter. Aber es sieht doch alles ganz anders aus als das, was der Sechsjährige sich seinerzeit vorgenommen hatte. »Hätte Gott all die dummen Gebete erhört, die ich mein Lebtag an ihn gerichtet habe, wo wäre ich jetzt?«, fragte der britische Gelehrte und Schriftsteller C. S. Lewis (1898–1963) einmal.

»Hätte Gott all die dummen Gebete erhört …«

*Ihr seid schon rein um des Wortes willen, das ich zu euch geredet habe,* sagt Jesus. Wenn unser Herzenswunsch gereinigt ist vom Wort Gottes, dann sind Menschen auf einmal unglaublich bedeutsam. Dann ist das Reich Gottes unglaublich wichtig. Dann haben wir Freude an ganz anderen Dingen und Jesus kann uns mit so einer phantastischen Verheißung erfreuen: dass unsere Gebete erhört werden!

Walter Heidenreich hat einmal gesagt: »Der Clou beim Gebet ist nicht das Gebet. Der Clou ist die Gebetserhörung.« Das stimmt. Ätzend, wenn du betest und betest und nie erlebst, dass Gott überhaupt jemals reagiert. Dann wird das mit der Zeit so monoton, so traditionalistisch, es fehlt jegliche Erwartung. Aber wenn Gott anfängt, Gebete zu erhören – Mensch, ist das genial! Und wir haben eine Verheißung, dass jedes Gebet erhört wird. Ich befürchte, ich selbst habe diesen Reifegrad noch nicht erreicht. Der gereinigte Herzenswunsch führt dazu, dass wir bitten können, was wir wollen – was für eine Quelle der Freude.

### Ein Leben, das Frucht bringt

*Dadurch wird mein Vater verherrlicht, dass ihr viel Frucht bringt und meine Jünger werdet.* Der Vater wird verherrlicht, weil wir fruchtbare Jünger sind. Es gibt für einen hingegebenen Jünger Jesu fast nichts größeres, als mit seinem ganzen Leben den Vater zu verherrlichen. Paulus schreibt im Gefängnis: ... *entsprechend meiner festen Erwartung und Hoffnung, dass ich in nichts zuschanden werde, sondern dass in aller Freimütigkeit, wie allezeit, so auch jetzt, Christus hoch gepriesen wird an meinem Leib, es sei durch Leben oder durch Tod. Denn für mich ist Christus das Leben, und das Sterben ein Gewinn* (Philipper 1,20–21).

Ich glaube, dass jeder Mensch von Gott her in sich ein Verlangen nach Frucht trägt. Menschen wollen fruchtbar sein. Niemand will ein Leben lang nur konsumieren. Ich weiß, wieviel Not es zum Beispiel für Ehepaare bedeuten kann, keine Kinder zu bekommen. Als Mann kann man sich vielleicht in das Empfinden einer Frau nur schwer einfühlen: »Das ist natürlich traurig, Schatz, aber Gott hat wahrscheinlich andere Pläne für uns. Und sieh mal, viele Kinder haben ja keine Eltern ...« Dabei ist es ein tiefer Schmerz, nicht fruchtbar sein zu dürfen. Das ist in uns so angelegt – ich glaube, dass jeder Mensch in sich diese Sehnsucht nach Fruchtbarkeit hat.

### In seiner Liebe bleiben

Und wieder spricht Jesus vom Bleiben: *Gleichwie mich der Vater liebt, so liebe ich euch; bleibt in meiner Liebe!* Dass Jesus uns liebt, das kann man in der Sonntagsschule schon begriffen haben, das kann theologisch unumstritten sein. Aber wie sieht dieses Bleiben in der Liebe Jesu eigentlich konkret in meinem Leben aus?

Seine Liebe auch wirklich anzunehmen, ist ein Lernprozess.

Meine Frau Bente und ich wünschen uns in unserer Ehe ein gutes Niveau an Liebe, an Zärtlichkeit, an Nähe und Romantik, an Geborgenheit. Deswegen haben wir nämlich geheiratet. Ich schätze mal, das geht den meisten Ehepaaren ganz ähnlich. Und wir überlassen das nicht dem Zufall. Am Anfang kommt das ja immer ganz von alleine ... Aber heute planen wir ganz konkret. »Ach, das ist aber unromantisch!« Stimmt, es geht aber nicht anders. Wir planen also Abende, da gehen wir miteinander essen, und Thema ist dann nicht die Bundesliga und nicht die Gemeinde, sondern Thema sind einfach nur wir beide. Das ist unsere Agenda an solch einem Abend. Wir wollen einander Liebe geben, wir wollen Liebe empfangen. Wir wollen in dieser Art und Weise an unserer Ehe bauen. Das bedeutet uns viel, wir machen das mit voller Absicht, und überlassen die Qualität unserer Ehe nicht etwa dem Zufall. So wie jener Mann, dessen Frau ihm vorhielt: »Du liebst mich überhaupt nicht mehr; du sagst mir gar nicht mehr, dass du mich liebst!«. Woraufhin er trocken meinte: »Schatz, ich habe dir vor zwanzig Jahren an einem heiligen Altar geschworen, ich werde dich lieben. Und sollte sich das jemals ändern, dann bist du die erste, die davon erfährt.« So ein Quatsch!

Es geht beim Bleiben in der Liebe also nicht um das Aufnehmen und Verstehen einer sachlichen Information. Wissen ist etwas Statisches, Bleiben aber ist hier etwas Dynamisches. Damit Liebe frisch bleibt, muss ständig etwas fließen, wie vom Weinstock in die Rebe. Wenn Jesus also sagt: *bleibt in meiner Liebe!,* dann ist es wichtig, sich wirklich von Gott lieben zu lassen. Sich Zeit zu nehmen, seine Liebe anzunehmen.

## Seine Gebote halten

Der Clou daran ist: Wenn wir in Jesu Liebe bleiben, dann werden wir seine Gebote halten, sagt Jesus. *Wenn ihr meine Gebote haltet, so bleibt ihr in meiner Liebe, gleichwie ich die Gebote meines Vaters gehalten habe und in seiner Liebe geblieben bin.* Beflügelt durch diese Beziehung zu ihm, ist das Halten seiner Gebote auf einmal nichts Abstraktes oder Schwieriges mehr, sondern es geschieht aus dieser Liebesbeziehung heraus.

Fein raus sein oder Leben in Ewigkeitsqualität?

Ich glaube, dass Sünde einer der größten Freudenkiller im Leben von Christen ist. Ich glaube, dass sie der häufigste Grund dafür ist, wenn Christen mürrisch und frustriert und unglücklich sind. Und Sünde ist nicht das, was wir nicht schönreden konnten. Sondern Sünde ist sehr wohl auch all das, wofür wir eine Entschuldigung und eine Erklärung parat haben. Denn Sünde wird von Gott, von seinem Wort her definiert. Kennst du das, dass wir manchmal sogar Bibelstellen missbrauchen, um unser sündiges Verhalten zu rechtfertigen? Aber die Frage ist natürlich: Will ich fein raus sein, oder will ich dieses Leben mit Ewigkeitsqualität? Das ist der springende Punkt. Wenn wir Sünde in unserem Leben etablieren, merken wir bald: Wir verlieren unsere Freude am Wort Gottes. Wir verlieren unsere Freude an der Gemeinschaft, wir verlieren unsere Freude an der Gegenwart Gottes. Sünde ist ein Freudenkiller (s. a. Seite 104ff.).

König David fiel in schreckliche Sünde mit seiner schönen Nachbarin Bathseba: Ehebruch und Mord. Sein Herz war total verhärtet. Aber Gott sei Dank hat er die Kurve noch gekriegt, hat aufrichtig Buße getan. Und dann betet er: *Gib mir wieder die Freude an deinem Heil* (Psalm 51,14). Es lohnt sich, Buße zu tun, denn Sünde nimmt uns Christen die Freude. Es lohnt sich wirklich, Gott zu fragen: Wie siehst du eigentlich diesen Punkt in meinem Leben, Herr? Es lohnt sich, immer wieder umzukehren und sich von Gott reinigen zu lassen, weil das die Freude Gottes in unserem Leben freisetzt.

*Dies habe ich zu euch geredet, damit meine Freude in euch bleibe und eure Freude völlig werde.* Ist Gott nicht genial? In diesem Abschnitt in Johannes 15 zeichnet Jesus einen Weg zur Freude auf: in Jesus bleiben, Gottes Wort in unserem Leben, Gott beantwortet Gebet, ein Leben, das Frucht bringt, in seiner Liebe bleiben und seine Gebote halten. Das mag nicht alles sein, aber für mich reicht das erstmal.

**Schluss mit lustig: Jetzt wird's ernst!**

1. Was ich Gott sagen will: ..........................................

......................................................................

......................................................................

......................................................................

2. Was mir aufgefallen ist: ..........................................

......................................................................

......................................................................

......................................................................

3. Fragen, die bleiben: ..........................................

......................................................................

......................................................................

......................................................................

4. Womit ich ernst mache: ..........................................

Mehr Zeit mit Gott!

......................................................................

......................................................................

# 3. Unterwegs: Vom Geheimnis unserer Kraft

*Als die Menschen hörten, was im Gesetz stand, begannen sie zu weinen. Aber der Statthalter Nehemia, der Priester und Schriftgelehrte Esra und die Leviten, die das Gesetz auslegten, ermutigten sie: »Seid nicht traurig und weint nicht! Heute ist ein Festtag; er gehört dem Herrn, eurem Gott! Und nun geht nach Hause, esst und trinkt! Bereitet euch ein Festmahl zu und feiert! Gebt auch denen etwas, die sich ein solches Mahl nicht leisten können! Dieser Tag gehört unserem Gott. Lasst den Mut nicht sinken, denn die Freude am Herrn gibt euch Kraft!« Auch die Leviten beruhigten das Volk und sagten: »Seid nicht traurig, denn dieser Tag gehört Gott!« Da gingen die Versammelten nach Hause und feierten ein großes Freudenfest. Sie aßen und tranken und teilten mit denen, die selbst nichts besaßen, denn sie hatten verstanden, was man ihnen verkündet hatte.*

Nehemia 8,9–12; *Hoffnung für alle*

## Das Geheimnis unserer Kraft

*Die Freude am Herrn gibt euch Kraft,* oder: *Die Freude am Herrn ist eure Stärke.* Diesen Bibelvers kennen wir ziemlich gut. Darüber haben wir vermutlich schon so manche Predigt gehört, er hat uns vielleicht schon öfter inspiriert. Die Freude am Herrn ist das Geheimnis unserer Kraft.

Ich lasse mich nicht davon abbringen, dass Christusnachfolge etwas mit Kraft zu tun hat. Ich glaube absolut, dass es etwas Übernatürliches ist, wenn wir Christus nachfolgen, und dass Gott uns dazu Kraft schenken möchte. Eine Quelle dieser Kraft ist der Heilige Geist, das Wort Gottes ist eine andere usw. Aber diese Kraft äußert sich eben auch in einer ganz enormen Freude. Freude gibt Kraft. Wenn wir Freude haben, dann leben wir ganz anders, stimmt's? Wenn wir motiviert sind, haben wir zu vielen Themen unseres Alltags einen ganz anderen Zugang. Auch wenn es zum Beispiel um die Mitarbeit in unserer Kirche oder Gemeinde geht – natürlich kann man Druck aufbauen, eine Not erzeugen und Leute so dazu bringen, sich einzusetzen. Man kann aber auch zeigen, mit welcher Freude Leute bei der Arbeit sind. Welche Erfüllung es mit sich bringt, seine Gaben am richtigen Platz einzusetzen. Und schon sieht alles ganz anders aus.

»Was raucht der Kerl am Wochenende, dass der so gut drauf ist?!«

Freude gibt uns Kraft, auch in schwierigen Situationen, auch für die schwersten Aufgaben. Erinnerst du dich an den biblischen Bericht von Simson, den Gott mit einer unglaublichen Kraft ausgestattet hatte (Richter 13–16)? Seine Gegner, die Philister, haben ja alle möglichen Leute bestochen, besonders Simsons Geliebte Delila, um herauszufinden: Was ist das Geheimnis seiner Kraft? Das haben die sich eine Menge Geld kosten lassen. Das wäre was, wenn unsere Arbeitskollegen sich solche Gedanken über uns machen würden: »Ich frage mich echt, was der Kerl am Wochenende raucht, dass der am Montag morgen so gut drauf ist?!« »Was ist das Geheimnis seiner Kraft? Wie kann einer dermaßen gut und stark unterwegs sein, selbst am Montag morgen?« Ich meine keinen superfrommen extremen Kram. Sondern in der ganzen Firma herrscht die übelste Laune, Stellen sollen gekürzt werden, der Umgang untereinander ist wirklich unter aller Kanone, alle sind genervt und schnauzen sich an. Und mittendrin ist einer, dessen Leben ganz offensichtlich einen Grundton von Freude hat. Der fällt in einer Zeit, in der nicht viel Freude herrscht, total auf. In einer Zeit, in der die Menschen vorneweg griesgrämig und schlecht gelaunt und komisch drauf und frustriert sind, alle schimpfen auf die Regierung und Fußball ist auch nicht mehr, was er mal war.

»Erlöster müssten mir seine Jünger aussehen«

Auch diesbezüglich hat Gott mit seiner Gemeinde ein Kontrastprogramm im Sinn – wir sollen auch in Bezug auf die Freude eine Antigesellschaft sein: Gemeinde als ein Ort mit Menschen, die sich freuen, die von einem Grundton der Freude getragen werden, und die eine enorme Kraft freisetzen in ihrem Leben.

Und deswegen sind chronisch übel gelaunte, griesgrämige Christen, die eher Freudlosigkeit als Lebensgefühl in sich tragen als die Freude am Herrn, Reich-Gottes-schädigend. Sie sind rufschädigend für unseren Gott. Ich meine nicht Christen, die traurig sind, weil sie gerade in einer schwierigen Phase stecken. Nein, natürlich hat auch Trauer ihren Platz, ich meine hier nichts Künstliches und Abgehobenes.

Von dem Philologen und Philosophen Friedrich Nietzsche (1844–1900) stammt das Zitat: »Bessere Lieder müssten sie mir singen, dass ich an ihren Erlöser glauben lerne: erlöster müssten mir seine Jünger aussehen!« (Also sprach Zarathustra. Ein Buch für Alle und Keinen, Chemnitz und Leipzig 1883–1885). Gut, das kann man kritisieren. Und es stimmt ja: Christen sind nicht besser, sondern besser dran, und wir leben aus Gnade und Gott trägt uns auch in unserer Schwachheit – das wissen wir ja alles. Und das stelle ich auch gar nicht in Abrede. Aber es gibt mehr. Gott will durch dich einen Kontrastpunkt setzen. Dort, wo er dich hingestellt hat – in der Uni, am Arbeitsplatz. Gott möchte, dass du ein Grundgefühl der Freude in dir trägst. Vielleicht bist du schon so lange Christ, dass selbst dieses Buch bei dir nur Skepsis hervorruft. »Ja, ja, alles richtig, Uwe, kannst du auch alles biblisch schön beweisen. Aber ob ich wirklich so leben kann, dass der Grundton der Freude mein Leben bestimmt, da habe ich meine Fragen.« In Ordnung, wenn du Fragen hast. Aber dann stell sie bitte auch: Stell sie deinem Herrn, auch im Dialog mit der Heiligen Schrift.

Ich glaube nämlich, wir verpassen hier etwas. Es geht mir darum, dass wir – und eben auch ich selbst – mehr erleben von dieser Freude. Ich glaube, das ist ein wichtiger Teil von Gottes Plan.

### Freude als Programm

Und da finde ich diese Begebenheit in Nehemia 8, wo Freude zum Programm wurde, ganz hervorragend. Die Priester verlesen das Gesetz und die Leute fangen an zu heulen. Warum weinen die eigentlich? Ich denke folgendes: Die Zeit des Nehemia, das war eine Zeit der Wiederherstellung. Das Volk Gottes hatte in Israel gelebt, sich aber nicht an Gottes Gebote gehalten. Sondern sie waren ihm untreu geworden, waren anderen Götzen nachgelaufen. Und Gott hatte sie dafür zur Rechenschaft gezogen – sie wurden ins ferne Babylon verschleppt. Nach siebzig Jahren brachte Gott sie wieder zurück in ihr Land, er segnete sie ganz neu und diesmal wollten sie‘s wirklich besser machen. Von nun an sollte das Gesetz, das Wort Gottes, die Thora, ganz zentral für ihr Leben sein. Und so riefen sie die Leute zusammen, machten einen besonderen Festtag und sagten: »Wir fangen jetzt mal an, das ganze Gesetz vorzulesen«, die fünf Bücher Mose. (Für die brauchst du in deiner Stillen Zeit ungefähr drei Monate, wenn du ein Schnellleser bist.) »Wir lesen das mal nacheinander durch, was hier so geht und was nicht, was hier angesagt ist und was nicht.« Und die Leute fingen an zu heulen. Und angesichts der Gebote Gottes und unserer menschlichen Unfähigkeit, sie zu halten, kann man ja auch heulen. Die Erfahrung der Geschichte zeigte dem Volk Israel ganz klar: »Die Väter haben‘s nicht geschafft – wieso sollten wir‘s denn jetzt schaffen? Unsere Vorfahren, die geprägt waren von Männern wie David und Salomo – sie haben’s nicht geschafft. Wieso sollten wir‘s denn jetzt schaffen, dieses Gebot zu halten, und im Land bleiben dürfen?« Sie konnten nur noch weinen.

Das Gesetz für sich genommen ist ziemlich kalt. Paulus vergleicht es schon mal mit einem richtig fiesen Ehemann, der a) immer recht hat. (Jetzt denkt so mancher Ehemann womöglich: »Wieso fies? Das ist doch ganz normal ...«) Der b) nicht mal den kleinen Finger rührt, um seiner Frau zu helfen, dabei aber immer ganz genau weiß, was wie gehört und was man alles sollte und müsste und überhaupt, und der c) auch noch impotent ist, so dass keine Frucht entsteht. Aber zum Glück leben wir als Christen nicht in einer Buchreligion, einer Gesetzesreligion, sondern wir leben in einer lebendigen Beziehung zu Jesus Christus. Und die Freude am Herrn gibt uns die Kraft, auch Gott gemäß zu leben.

Die Priester sahen jedenfalls schon im Alten Testament: Diese Getzeslesung geht in die falsche Richtung. Also sagten sie: »Leute, das Gesetz soll euch nicht traurig machen. Es gibt eine Kraft, so zu leben, wie Gott sich das von uns wünscht, und zwar die Freude am Herrn. Sie wird uns Kraft geben, dieses Gesetz auch zu halten und ihm wohlgefällig zu leben.« Die Freude am Herrn ist die Kraft, die den Preis für Jüngerschaft bezahlen lässt.

Ich gewöhne mich auch nach Jahren nicht an die Heftigkeit solcher Aussagen

Im Neuen Testament steht nicht mehr das Gesetz im Vordergrund – so sehr wir die Zehn Gebote achten und zur ethischen Orientierung schätzen. Doch Jesus sagte nicht: »Kommt, wir halten das Gesetz!« Sondern er sagte: »Kommt, folgt mir nach!« Seine Ansprüche an seine Jünger können einen aber auch ganz schön traurig machen: *Wenn jemand zu mir kommt und hasst nicht seinen Vater und seine Mutter, seine Frau und Kinder, Brüder und Schwestern, dazu aber auch sein eigenes Leben, so kann er nicht mein Jünger sein. Und wer nicht sein Kreuz trägt und mir nachkommt, der kann nicht mein Jünger sein* (Lukas 14,26–27). Ich gewöhne mich auch nach Jahren nicht an die Heftigkeit solcher Aussagen und fange dann sofort an, mein Leben zu überprüfen: »Halte ich denn so einer Überprüfung stand, Herr? Das ist heftig, was du da alles forderst!« Und dann fällt mir wieder ein – genau wie bei Nehemia: Wir haben eine Kraft, so zu leben, die Freude am Herrn.

Wie sagte Jesus über diesen Mann, der das Reich Gottes gefunden hatte? *Und vor Freude darüber geht er hin und verkauft alles, was er hat, und kauft jenen*

*Acker* (Matthäus 13,44). Das ist in der Lehre Jesu ganz wichtig: alles hinzugeben für ihn, alles zurückzulassen. Die innere Haltung, täglich zu sagen: Herr, das gehört alles dir. Aber es ist die Freude am Reich Gottes, diese Freude am Herrn, an Jesus selbst, die einem Menschen Kraft gibt, wirklich so zu leben. Per Gesetz oder per Verordnung würde dieser Anspruch Jesu nur zu Schuldgefühlen und schlechten Gewissen führen. Darin läge überhaupt keine Kraft, uns zu helfen.

> »Christen brauchen so was nicht«

Der Schreiber des Hebräerbriefes wendet sich an eine verfolgte Gemeinde, die aufgrund ihres Christseins schwere Nachteile in Kauf zu nehmen hat. Und was er ihnen sagt, finde ich sehr ermutigend: *Ihr ... habt es sogar mit Freuden ertragen, wenn man euch euer Hab und Gut wegnahm* (Hebräer 10,34; *Hoffnung für alle).* Denk mal an dein Hab und Gut. »Mein Haus, mein Boot, mein Auto!« Denk mal an die Dinge, die dir wichtig sind. An all die schönen Dinge, die wir haben. Der Staat beschlagnahmte all das von den Empfängern des Hebräerbriefes, vermutlich dem judenchristlichen Teil der römischen Gemeinde. »Christen brauchen so was nicht. Bevor ihr das noch alles in die Mission gebt, nehmen wir das lieber.« Diese Leute haben ihre Häuser verloren, haben alles verloren. Und hier heißt es: *Ihr ... habt es sogar mit Freuden ertragen.* »Ihr habt es nicht nur irgendwie ertragen, sondern ihr hattet eine Kraft zur Jüngerschaft. Eine Kraft, trotzdem bei Jesus zu bleiben, die diese Welt nicht nachvollziehen kann. Eine übernatürliche Freude, die in euch lebt.«

Die Freude am Herrn ist das Geheimnis unserer Kraft. Ich will mit diesem Buch nichts anderes als näher an diese Freude heranzukommen, die Frage für meinen Alltag beantwortet zu bekommen: Wo ist diese alles durchdringende Freude? Ich möchte darauf nicht mehr verzichten.

### Freude auf Kommando?

Auf den ersten Blick löst dieser Satz nicht gerade Freude aus: Die Freude ist Gottes Gebot. Bei diesem Gedanken regt sich durchaus etwas Widerstand in uns, oder? Aber stellen wir uns die in Nehemia 8 beschriebene Szene einmal vor: Das Volk hat zugehört, wie das Gesetz vorgelesen wurde, und jetzt sind alle am heulen. Die sagen sich: »Das schaffen wir nie!« Und Nehemia blickt zu den anderen Verantwortlichen, zu Esra und zu den Leviten, und sagt: »Leute, das mit der Heulerei hier, das ist jetzt nicht dran. Wir müssen jetzt hier leiten. Also die Leute sollen sich jetzt bitte freuen.« Das klingt etwas mechanisch, oder? Und so wären wir auch schnell mit dem Stoppschild bei der Hand: Ja, das kann man doch nicht einfach vorschreiben, Freude kann man doch nicht verordnen!

Nehemia hat überhaupt kein Problem damit, er sagt seinen Teamkollegen: »Geht mal so durchs Volk« – die hatten ja keine Lautsprecheranlage und es waren viele Leute da – »und sagt: ›Hallo, Schluss mit die Heulerei, wir wollen uns jetzt freuen. Das ist nämlich ein besonderer Feiertag heute! Die Freude am Herrn ist unsere Kraft und geht mal nach Hause, schiebt mal die beste Lasagne in den Ofen, bratet euch mal ein gutes Steak. Denkt dran, manche von uns haben nicht so viel, gebt was ab und so – wir wollen jetzt feiern! Auf geht's, in die Küche, gekocht wird und dann werden wir ein Riesenfreudenfest machen.‹« Und tatsächlich heißt es: *Da gingen die Versammelten nach Hause und feierten ein großes Freudenfest. Sie aßen und tranken und teilten mit denen, die selbst nichts besaßen, denn sie hatten verstanden, was man ihnen verkündet hatte.* Das klingt ziemlich nach Freude auf Kommando, unglaublich praktisch!

Aber, Sarkasmus beiseite, ich sehe hier eine geistliche Wahrheit: dass nämlich Freude lenkbar ist. Dass diese Freude, von der die Bibel spricht, kein Zufallsprodukt ist. Ich meine nicht die spontane, emotionale Reaktion auf Dinge, die gut laufen. Es geht uns ja um die übernatürliche Freude, die von innen kommt. Und die lässt sich zu einem Teil lenken. Nehemia leitet das Volk zur Freude. Im Neuen Testament heißt es einmal: ... *wir sind Gehilfen eurer Freude* (2. Korinther 1,24). Nehemia ist so ein Gehilfe der Freude, er leitet zur Freude. In Philipper 4,4 finden wir die Aufforderung: *Freut euch im Herrn allezeit; abermals sage ich: Freut euch!* Ist dir schon mal aufgefallen, dass das ein Befehl ist? Das ist keine freundliche Empfehlung, kein gut gemeinter Rat, sondern es ist ein Befehl.

Freude ist also nicht nur eine Verheißung, Bisher haben wir uns damit beschäftigt, dass diese permanente Freude uns verheißen ist, und das stimmt auch. Auf eine Verheißung reagieren wir mit Glauben. Auf ein Gebot reagieren wir mit Gehorsam. Gott möchte also nicht, dass wir daran glauben, dass er uns Freude schenken kann, als wäre das eine Option. Sondern Gott möchte, dass du weißt, dass sein Plan für dich ein von seiner Freude geprägtes Leben ist. Wie gesagt, wenn gerade etwas Schreckliches geschehen ist, heulen wir uns zurecht die Augen aus dem Kopf, und leidvolle Erfahrungen werden wir immer wieder machen. Es geht hier ja nicht um ein lebensfremdes Extrem. Aber wenn wir dauernd griesgrämig und frustriert und schlecht gelaunt und niedergeschlagen durch die Gegend ziehen – wenn dieses Grundgefühl der Freude in unserem Leben fehlt – dann verstoßen wir damit gegen Gottes Gebot. So hat er sich das nicht vorgestellt.

Die gute Nachricht: Freudlosigkeit darf als Sünde behandelt werden

Du meinst vielleicht: »Uwe, ich komme damit nicht klar – Freude auf Kommando, kann man denn Freude befehlen?! Also das klingt doch merkwürdig!« Meine Antwort lautet: Ja! – wenn man sie auch schenken kann. Wenn es keinen Weg zur Freude gibt, keine Möglichkeit, dieses Gebot zu befolgen, na ja, dann ist das ein Steilpass, den keiner von uns erlaufen kann. Aber der, der sagt: »Ich, dein Gott, bin die Quelle deiner Freude und ich habe dir einen Weg zur Freude gezeigt und wie du immer wieder neu durchbrechen kannst in diese geniale Freude«; der uns mit Freude versorgt, der darf die Freude auch befehlen.

Die gute Nachricht lautet also: Freudlosigkeit darf als Sünde behandelt werden. Typischer Einwand an dieser Stelle: »Jetzt fängt der wieder mit Sünde an – wo bleibt denn da die gute Nachricht?!« Zunächst einmal wissen wir, dass das Sündenproblem durch Jesus Christus am Kreuz grundsätzlich gelöst ist. Sünde war Abrahams Problem und Noahs Problem, Sünde muss nicht mein Problem sein. Ich habe damit eine unendlich viel bessere Ausgangsposition als Noah oder Abraham oder David oder diese anderen wunderbaren Männer Gottes im Alten Testament. *Wenn wir aber unsere Sünden bekennen, so ist er treu und gerecht, dass er uns die*

*Sünden vergibt und uns reinigt von aller Ungerechtigkeit* (1. Johannes 1,9). Wenn wir diesen Satz einmal umdrehen, dann wird deutlich, dass Gott untreu und ungerecht wäre, wenn er uns nicht vergeben würde. Kann Gott untreu und ungerecht sein? Natürlich nicht. Kann es sein, dass Gott doch irgendwie sauer ist auf mich und mir meine Sünden vielleicht doch vorhalten möchte? Natürlich nicht.

Dass Freudlosigkeit Sünde ist, eine Zielverfehlung angesichts dessen, was Gott für uns gedacht hat, dann ist die gute Nachricht: Wir können Sünde bekennen, und Gott vergibt uns gerne. Wir dürfen von ihm die Kraft erbeten und im Glauben empfangen, nun nicht mehr in dieser Sünde zu leben. Humanisten reagieren hier empfindlich: »Das Gerede von Sünde, das ist ja ganz schlimm. Hört auf, immer von Sünde zu reden. Das beschwert die Leute, dann fühlen sie sich schuldig, und dann kriegen sie Schuldkomplexe ...« Dabei verkennen sie, dass die gute Nachricht lautet: Ich muss nicht bleiben, wie ich bin. Ich muss nicht griesgrämig und übelgelaunt durch die Gegend schreiten und eine fürchterliche Atmosphäre verbreiten. Gott will mich davon erlösen.

Der Reformator Martin Luther (1483–1546) hat einmal gesagt: »In den täglichen Tränen der Reue und Buße soll der alte Adam ersaufet werden.« Ich bete täglich: »Und vergib mir meine Schuld, wie auch ich vergebe meinen Schuldigern.« Und an diesem Punkt gebe ich dem Heiligen Geist Raum, mir zu zeigen, wo ich gesündigt habe. Oder wo ich jemandem vergeben sollte. Meine Sünde vor Gott zu bringen, ist für mich eine tägliche Übung. Paulus führt in Römer 6 aus, dass wir als Christen ohne Sünde auskommen können, weil wir mit Christus gestorben und auferstanden sind. *Haltet euch selbst dafür, dass ihr für die Sünde tot seid, aber für Gott lebt in Christus Jesus, unserem Herrn! So soll nun die Sünde nicht herrschen in eurem sterblichen Leib* … (Römer 6,11–12a). Keine Frage, diese Tatsache ist schwer umkämpft. Aber deswegen höre ich doch nicht auf, es zu glauben.

Gottes Angebot steht, mich von Sünde zu befreien

Wenn Freudlosigkeit Sünde ist und wenn das Angebot Gottes steht, mich von Sünde zu befreien, dann ist das ein Aspekt meines Lebens, den ich täglich überprüfe. Damit ich nicht falsch verstanden werde: Jesus fordert uns auf, mit den Weinenden zu weinen und Trauernde zu trösten. Gott selbst tröstet uns in unserem Leid und weint mit uns. Hier geht es um ein Grundgefühl der Freude, das mit unserer Nachfolge zusammenhängt. Ich frage mich also: Habe ich den heutigen Tag mit Freude begonnen? *Dies ist der Tag, den der Herr gemacht hat; wir wollen uns freuen und fröhlich sein in ihm!* (Psalm 118,24). Für diese Sicht kann ich mich jeden Tag entscheiden. Und wenn ich meinen Tagesverlauf abends noch einmal Revue passieren lasse und mir die Momente in den Sinn kommen, wo diese Freude nicht so dominant war, wie ich mir das gewünscht hätte, sondern wo Sorgen, Wut oder verletzte Eitelkeit für innere Gewitter gesorgt haben, dann sage ich: »Herr, eigentlich möchtest du nicht, dass ich so lebe. Ich bekenne dir das als Sünde, das war daneben. Morgen will ich wieder von vorne anfangen. Ich möchte deine Freude erwarten und suchen.« Ganz klar: Diese Freude wird auf Erden immer umkämpft sein. Aber es wäre ein Unding, wenn wir tage- und wochenlang griesgrämig sind und noch nicht einmal auf den Gedanken kommen, dass hier etwas nicht stimmt. Es ist nicht in unser Belieben gestellt, ob wir Freude haben oder nicht. Gott bezweckt etwas mit seiner Verheißung, und Freude ist auch ein Gebot unseres Herrn. Und unseren Gehorsam überlassen wir nicht unseren Gefühlen, oder?

Es ist nicht in unser Belieben gestellt, ob wir Freude haben oder nicht

Angenommen, du fragst deine Tochter leicht irritiert: »Hey, wieso ist denn dein Zimmer nicht aufgeräumt?« Und sie antwortet: »Ey, ich hatte keinen Bock.« Es gibt Eltern, die das akzeptieren. Und es gibt andere, die sagen: »Hör mal, wenn ich dir etwas aufgetragen habe, dann interessiert mich deine Gefühlslage im Sinne von Bock haben oder nicht Bock haben eigentlich nicht die Bohne. Wenn du krank warst oder so, da können wir gerne drüber reden. Aber diese Bock-Geschichte, die will ich nicht mal hören.« Genauso haben Gottes Gebote nichts damit zu tun, wie wir gerade drauf sind. Gefühle sind mal hier und sind mal da. Aber Gottes Gebote und sein Wort stehen fest.

Es gibt eine Bibelstelle, die mich immer wieder begeistert. Der Apostel Paulus sitzt gerade im Gefängnis, ein deprimierender Ort. Er liegt in Ketten. Und er hört aus Philippi, einer Gemeinde, die er selbst gegründet hat: »Hier läuft es gerade nicht so toll. Du bist nicht mehr da, deine Predigten und deine Prägung fehlen uns. Und jetzt stehen andere auf und predigen zwar Christus, aber eigentlich wollen sie deinen Einfluss kappen. Die meinen, du hattest hier viel zu viel zu sagen. Die wollen dich so richtig ausspielen und engagieren sich jetzt mächtig in der Gemeindearbeit. Aber die Motive sind nicht in Ordnung ...« Und Paulus sitzt dort in seiner Zelle und kann sich nicht wehren. Wer ein Fünkchen Leitungsbegabung in sich hat, wer sich schon mal für ein Projekt verantwortlich gefühlt hat, der weiß, was das für eine Situation ist: Da kannst du auf und ab marschieren wie ein Tiger im Käfig und förmlich ausrasten vor Spannung. Paulus wendet sich mit einem Brief an die Gemeinde in Philippi. Und weißt du, was Paulus sagt, als er von den Vorgängen in der Gemeinde hört? Ich liebe diesen Vers: *Was tut es? Wenn nur auf alle Weise, sei es zum Vorwand oder in Wahrheit, Christus verkündigt wird, so freue ich mich darüber und will mich auch freuen!* (Philipper 1,18; *Schlachter 1951).* Herrlich! Hier wird nichts den Gefühlen überlassen. Sondern hier ist eine Entscheidung zum Gehorsam – »ich werde mich darüber freuen«. Was für ein Vorbild. Freude ist Gottes Gebot, und damit ist endgültig geklärt: Wir haben Zugang zu dieser Freude, wir dürfen auf diesem Niveau leben.

**Lernprozess Freude**

Ich hoffe, es ist deutlich geworden, dass Freude absolut kein Zufallsprodukt ist. Sie hat nichts damit zu tun, wie wir denn gerade drauf sind. Der Geist dieser Welt will, dass man sich davon bestimmen lässt. Aber Christen leben nach anderen Maßstäben. Und Freude ist auch ein Lernprozess.

Einmal sandte Jesus seine Jünger aus, und als sie zurück kamen, da waren sie voller Freude, richtig euphorisch. Da hatte Jesus den Eindruck, dass sie an dieser Stelle noch etwas lernen könnten. Er korrigiert sie sanft: *Doch nicht darüber freut euch, dass euch die Geister untertan sind; freut euch aber lieber darüber, dass eure Namen im Himmel geschrieben sind* (Lukas

10,20). Jesus löscht seine Jünger damit ja nicht total ab. Im nächsten Vers heißt es, dass Jesus »im Geist frohlockte« und Gott pries. Jesus hat sich offenbar mit den Jüngern gefreut, dass sie in ihrem Einsatz Erfolg hatten, dass es ihnen gut ging und sie sich nun so freuten. Aber es gab auch noch etwas zu lernen – »Leute, macht eure Freude nicht an den falschen Dingen fest.«

Auch bei Nehemia war es nicht so, dass er das Volk aufforderte: »Macht euch was zu essen und zu trinken, und dann machen wir mal auf Freude!« Gut essen und trinken und feiern hilft der menschlichen Seele manchmal, sich aufzumachen zur Freude. Aber der springende Punkt war auch da: *die Freude am Herrn gibt euch Kraft!*

Ich verstehe Jesus so, dass wir unsere Freude nicht in erster Linie an unserem Wirken für ihn festmachen sollen, sondern an seinem Wirken an uns. Ich freue mich nicht in erster Linie über mein Wirken für ihn, sondern ich freue mich viel mehr über das, was Jesus für mich ist und tut. Das ist mir in den letzten Jahren zunehmend wichtig geworden. Früher war in meiner ganzen Bewertung der Mensch sehr viel wichtiger. Natürlich sind Menschen wichtig, vor allem für Gott. Ich meine nicht, dass Menschen unwichtig seien. Sondern ich meine so eine Haltung: »Hach, wenn wir jetzt nicht ..., dann bricht das Reich Gottes auseinander!« Und dabei baut Jesus seit etwa 2000 Jahren Gemeinde – ich würde sagen, nicht ganz ohne Erfolg: Täglich bekehren sich Menschen, es gibt heute etwa zwei Milliarden Christen auf der Welt. Und ihre Zahl nimmt weiter zu. (In Afrika, in Asien oder in Südamerika läuft da etwas mehr als zur Zeit auf unserem Kontinent, aber wir geben die Hoffnung nicht auf, dass Gott auch bei uns neues Leben schenken will.)

Gott baut sein Reich. Und ich bin als junger Prediger und Leiter manchmal mit dem Gedanken angetreten: »Auf mich kommt es an.« Natürlich gibt es Dinge, wo es auf uns ankommt, und Gott hat sich entschieden, mit uns zusammenzuarbeiten. Aber dieser Eindruck wäre falsch: »Ich muss Gottes Reich bauen, der arme Gott ist auf seinem Thron weit weg und hat das jetzt mir überlassen. Jesus hat schließlich schon so viel für mich getan, jetzt bin ich mal dran. Und wenn ich jetzt nicht aus dem Quark komme, dann fällt das ganze schöne Reich Gottes auseinander.«

»Als ich dich erwählt habe, da kannte ich jede deiner Macken«

In den Momenten größter Schwäche und bitterster Enttäuschung über mich selbst konnte mich bisher nur aufrichten, Gott neu zu verstehen. Zu begreifen, dass Gott mir sagt: »Du, als ich dich erwählt habe, da kannte ich jede deiner Macken. Da wusste ich schon genau, wer Uwe Schäfer war.« Unser Vater sitzt doch nicht auf dem Thron und sagt zu seinem Sohn: »Mensch, hast du gewusst, dass der Schäfer heute keine Stille Zeit machen würde? Das ist ja nicht zu glauben, also ich bin arg enttäuscht!«

Gott kennt uns durch und durch. Und ich bin mehr und mehr begeistert von seiner Gnade, seiner Souveränität, von seinem Wirken an mir. Davon, was er in mir sieht, wie er mich annimmt und mich liebt. Wie Gott mich kannte vor Grundlegung der Welt und von Anfang an die Ewigkeit mit mir verbringen wollte. Sein unglaubliches Handeln an mir ist eine Quelle der Freude, die kann einfach nicht versiegen. Meine Leistung im Dienst, meine »Erfolge« können manchmal ganz schön launisch sein. Zu seinen heimkehrenden

Jüngern sagt Jesus: *Doch nicht darüber freut euch, dass euch die Geister untertan sind.* Er sagt ja nicht: »Hört auf, euch zu freuen!« Als ob er auf die Frage: »Darf man sich nicht darüber freuen, dass einer frei geworden ist?!« antworten würde: »Nee, da darfste dich nicht drüber freuen!« Das kann er ja nicht gemeint haben. Jesus weist seine Jünger darauf hin, ihre Freude nicht vornehmlich an ihrem Dienst für ihn festzumachen.

Freude nicht vornehmlich an unserem Dienst für Jesus festmachen

Stell dir vor, ein Cowboy reitet in eine Westernstadt, hat einen unglaublichen Durst und lässt sein Pferd direkt vor dem Saloon anhalten. Weil er keinen anderen Platz mehr findet, bindet er die Zügel hinten an einer Postkutsche fest und betritt glücklich den Saloon. Als er nach einiger Zeit wieder heraus kommt, ist die Kutsche mitsamt seinem Pferd längst über alle Berge ... Wenn unsere Freude ihren Halt nicht am richtigen Ort hat, kann es schnell passieren, dass sie uns verlässt.

Jesus freut sich riesig über dein Wirken für ihn, weißt du das? Wenn du treu bist an dem Platz, wo er dich hingestellt hat, das freut Jesus! Aber er erinnert uns auch: »Mach deine Freude nicht in erster Linie an deinem Wirken für mich fest, sondern an meinem Wirken für dich: Ich habe alles für dich getan, und diese Freude kann dir keiner wegnehmen.«

In Lukas 9, also ein Kapitel vorher, lesen wir noch etwas ganz anderes. Da kam ein Mann mit seinem besessenen Sohn zu Jesus: ... *ich habe deine Jünger gebeten, ihn* [den bösen Geist] *auszutreiben, aber sie konnten es nicht* (Lukas 9,40). Die Jünger waren machtlos. Das war kurz vorher, und vielleicht erklärt das auch die große Euphorie, mit der die Jünger jetzt von ihrem Auftrag zurückkehren. Sie hatten Misserfolg. Und Jesus hatte ausgerufen: *O du ungläubiges und verkehrtes Geschlecht! Wie lange soll ich bei euch sein und euch ertragen?* (Vers 41). Dann sandte er sie aus, sie kommen wieder und sind begeistert: »Herr, du wirst es nicht glauben, es hat geklappt!« Ich will Jesus nicht unterstellen, dass ihm auf der Zunge liegt: »Na ja, ob's noch mal klappt, wer weiß ...« Aber deutlich wird: Die Vollmacht ist nicht immer gleich.

Manchmal fühle ich mich in meinem Dienst für Gott so machtlos. Ich kenne Momente, wo ich jede Menge Glauben und Vollmacht spüre. Aber es gibt eben auch die Augenblicke, wo ich mich total elend und machtlos fühle. Wenn ich meine Freude an diesem Gefühl festmachen würde, dann wäre sie in der Tat mal da und mal nicht. Aber die Freude an Gottes Handeln an mir, an dem, was er für mich getan hat und tut – die bleibt. Deswegen konnten Paulus und Silas im Gefängnis singen, deswegen konnte man den Hebräern ihre Häuser wegnehmen, deswegen haben Menschen jeden Preis bezahlt in ihrer Nachfolge Christi: wegen dieser Freude darüber, was Gott für sie getan hat.

## Eine persönliche Lektion

Ich habe mit diesem Abschnitt aus Lukas 9 und 10 eine ganz besondere Geschichte. Als ich einundzwanzig, zweiundzwanzig war und die ersten Gehversuche in meinem Dienst unternahm, da hatte ich irgendwo in der südafrikanischen Pampa so ein kleines Zelt aufgestellt und evangelisierte dort. Es war in der Nähe einer Farm, ein sehr dünn besiedeltes Gebiet, da gab es nur wenige Hütten. Das war mein Leben, dort rauszufahren! Zu den Abenden kamen jeweils so fünfzig, sechzig Leute ins Zelt. Und so etwas Schwankendes hatte ich noch nie erlebt!

Am ersten Abend erlebten wir so etwas wie einen geistlichen Durchbruch. Ich betete für kranke Menschen, Gott handelte an ihnen, andere Menschen standen auf und bekehrten sich. Als ich am späten Abend mit meinem *Pick-Up* zurück in unser Quartier fuhr, da flog ich geradezu über die Landstraße, jubelte lauthals und freute mich unbändig. Ich war absolut begeistert davon, was ich dort erlebt hatte. Ich konnte in dieser Nacht kaum einschlafen, so begeistert war ich von dem großartigen Wirken Jesu. (Und das ist ja auch in Ordnung.)

Ich weiß nicht, wer am nächsten Abend den Stecker rausgezogen hatte – aber es war total unruhig. Die Leute quatschten die ganze Zeit, es war ein ständiges Kommen und Gehen. Ich weiß nicht, ob das mit dem Farmbetrieb zusammenhing. Und ich selbst kam nicht richtig zur Sache – es war eine einzige Katastrophe. An diesem Abend fuhr ich nach Hause und war absolut schlecht gelaunt. »Vielleicht habe ich ja auch gar keinen Ruf? Vielleicht sollte ich doch irgend etwas anderes mit meinem Leben anstellen ...« Mir kamen tausend Gedanken, ich war so richtig abgelöscht. In dieser Verfassung ging ich auch ins Bett.

Am folgenden Morgen habe ich meine Gebetseinheit verdoppelt, wollte das Ganze geistlich angehen. Und siehe da: Dieser dritte Abend lief wieder ganz gut. Es bekehrten sich Leute, die Atmosphäre war prima. Auf meiner inneren Skala betrachtete ich es als einen ganz guten Erfolg. Auf dem Heimweg sagte ich: »Ja, Herr, jetzt hab ich‘s verstanden: Ich hatte nicht genug gebetet!

Wenn ich mehr bete, dann läuft's auch. Morgen werde ich also auch wieder mehr beten.«

Tatsächlich betete ich auch am nächsten Tag mehr. Keine Ahnung, woher diese Unruhe am Abend kam! Die Leute rannten rein und raus. Ich schaffte es nicht, zu fesseln, ich fand irgendwie keinen Kontakt zu den Menschen. Wir mussten später anfangen, der Lautsprecher pfiff – es hat mich umgebracht! Als ich später geknickt in meinem *Pick-Up* auf dem Weg zurück ins Quartier saß, fragte ich zerknirscht: »Herr, noch mehr beten? Wieviel beten ist eigentlich genug, kannste mir das mal sagen?«

»Wieviel beten ist eigentlich genug?«

Und da fing Gott tatsächlich an, zu mir zu sprechen. Das werde ich nie vergessen. Dieser Bibelvers war auf einmal da, als hätte Jesus auf dem Beifahrersitz gesessen und zu mir gesprochen: *Doch nicht darüber freut euch, dass euch die Geister untertan sind; freut euch aber lieber darüber, dass eure Namen im Himmel geschrieben sind.* Und ich verstand sofort, was er sagen wollte, und ich antwortete: »Herr, machen wir einen *deal.* Ich glaube, ich verstehe, was du willst: Morgen werde ich mit Freude zu unserem Zelt fahren, und zwar Freude über das, was du mir geschenkt hast. Und ich werde danach mit Freude zurückfahren, egal, wie der Abend läuft. Ich werde mich vorher freuen und ich werde mich nachher freuen an dem, was du mir geschenkt hast, an unserer Beziehung. Noch mehr würde ich mich freuen, Herr, wenn wir so einen richtigen Durchbruch hätten und Menschen sich bekehren würden, du weißt ja! Aber egal, wie es läuft, ich werde nicht frustriert und beleidigt und griesgrämig und übelgelaunt nach Hause fahren, je nachdem, was ich hier erlebe. Sondern ich werde dich auf dem Rückweg loben.« Ich hatte meine Lektion gelernt.

»Meine Freude ist nicht nur für den Sommer«

Ich habe das in meinem Dienst nicht immer durchgehalten, aber ich bleibe dran. In der Beschäftigung mit dem Thema dieses Buches hat Gott mich wieder an diese Zeit erinnert: »Uwe, übe weiter! Übe weiter, in dieser Freude zu bleiben!«

Hast du dich schon mal mit dem Leben des Propheten Jeremia beschäftigt? Man nennt ihn den »weinenden Propheten«. Er hat in seinem Dienst nur Niederlagen erlebt, Ohrfeigen, wurde in den Brunnen geworfen, wurde ausgelacht und niedergemacht. Menschlich gesehen hatte er überhaupt keinen Erfolg. Wenn es für den geistlichen Dienst eine Art Erfolgs-Skala gäbe von 1 bis 100, Jeremia läge bei 0. Und jeder Mensch will ja auch erfolgreich sein. Wie würde es mir gehen, wenn Gott mich beiseite nehmen würde: »Uwe, wäre das okay, wenn ich dich nach einer fruchtbaren Zeit des Dienstes irgendwann mal in die zweite Reihe setze? Wär das okay, in einer kleinen Gemeinde irgendwo in einer Kleinstadt zu dienen, und vielleicht auch nicht so die Gnade des Wachstums zu erleben ... wäre das okay, wenn ich das so für dich vorbereitet habe? Würde das deiner Freude einen Abbruch tun? Wäre das ein Problem? Oder könntest du sagen: Herr, eines kann mir keiner wegnehmen – du hast mich berufen. Du hast mich so geliebt! Herr, dein Handeln an mir und was du mir geschenkt hast – du hast mich unendlich reich gemacht in Christus, unendlich reich! Meine Freude ist nicht nur für den Sommer, für Schönwettertage, sondern ich will stinkige Laune mit regelmäßiger Buße und mit immer neuen Entscheidungen aus meinem Leben vertreiben.«

Das wünsche ich mir so sehr für mein eigenes Leben, dass meine Nachbarn, die Menschen in meinem Umfeld sagen: »Der Kerl, der hat was. Wenn alle jammern und meckern, der hat immer noch was Positives zu sagen.«

**Schluss mit lustig: Jetzt wird's ernst!**

1. Was ich Gott sagen will: ..................................

...................................................................

...................................................................

...................................................................

2. Was mir aufgefallen ist: ..................................

...................................................................

...................................................................

...................................................................

3. Fragen, die bleiben: ......................................

...................................................................

...................................................................

...................................................................

4. Womit ich ernst mache: ..................................

...................................................................

...................................................................

...................................................................

# 4.

# Aktion: Die Freudenkiller killen

*So habt auch ihr nun Traurigkeit; ich werde euch aber wiedersehen, und dann wird euer Herz sich freuen, und niemand soll eure Freude von euch nehmen.*

Johannes 16,22

In Deutschland sind sehr viele Menschen ziemlich übelgelaunt. Ich liebe die Deutschen, bin schließlich selbst Deutscher, bin hier geboren und aufgewachsen. Ich lebe gerne hier, habe hier meine Berufung. Aber ich habe noch keine griesgrämigere Nation als unsere erlebt. Ich habe nirgends mehr Unfreundlichkeit in Geschäften erlebt, ich habe keinen ruppigeren Ton im Miteinander im Bus erlebt, ich habe keine größere Unhöflichkeit erlebt als in unserem Land. Dafür finde ich hier ein sehr negatives Grundgefühl, ewig wird gejammert und gemeckert und lamentiert: »Alles geht zu Ende, wir wissen nicht, ob wir nächstes Jahr noch etwas zu essen haben, und die Renten sind auch nicht sicher.«

Man muss sich ja mächtig wehren, nicht in diesen Strom hineingerissen zu werden – das geht ganz schnell. So in der dunklen Jahreszeit, da kann ich auch schon mal ganz düster draufkommen, wenn mir die Sonne fehlt und das Licht (ich bin mehr so ein Sommertyp). Doch je länger ich diese Grundstimmung wahrnehme, desto stärker kommt in mir die Frage auf: Aber ist gerade das denn nicht eine riesige Chance für uns Christen? Wenn ich all die vollmundigen Verheißungen der Bibel sehe

*– und niemand soll eure Freude von euch nehmen –*, dann ist die Gemeinde ja eine Art Dachverband der sich Freuenden. Eine Gemeinschaft der Freude, oder?

Und wenn wir Christen kein positives Grundgefühl der Freude an Jesus, an seinem Heil, an der Gemeinschaft haben, dann brennt in mir eine weitere Frage: Warum nicht? Verheißt uns Jesus Dinge, die er nicht wirklich halten kann? Bitteschön, wir müssten doch alle vollkommene Freude haben, wenn die uns niemand nehmen kann, oder? Okay, die Bedingungen für diese Freude ohne Ende in Johannes 15 (s. Seite 40ff.) haben wir uns schon angesehen: Jesus geht davon aus, dass wir in ihm bleiben, seine Worte in uns bleiben, dass wir in seiner Liebe bleiben. Aber was heißt denn dann: *Niemand soll eure Freude von euch nehmen?*

Wir müssten doch alle vollkommene Freude haben

Kein Umstand, keine Krankheit, kein Mensch, der mich verletzt und enttäuscht, keine schwierige Situation, keine Armut, nichts und niemand kann mir meine Freude rauben. Nur ich selbst. Ich selbst kann diese Freude verspielen durch meine Entscheidungen und Fehlhaltungen. Dass Jesus zum Beispiel gesagt hat: ... *und sie werden in Ewigkeit nicht verlorengehen, und niemand wird sie aus meiner Hand reißen* (Johannes 10,28), bedeutet das: einmal errettet – immer errettet? Heißt das, wir könnten nun gar nicht mehr verloren gehen? Nein. Selbstverständlich kannst du diesen Weg der Nachfolge verlassen, natürlich kannst du selbst Jesu Hand loslassen. Aber nichts und niemand anderes – kein Teufel, kein Umstand, kein anderer Mensch, keine Regierung, keine Depression – kann dich aus der Hand Jesu reißen.

Wenn nichts und niemand außer uns selbst uns dieser Freude berauben kann, bleibt die Frage, was denn dann die Freudenkiller in unserem Leben sind. Ich habe fünf davon identifiziert.

### Freudenkiller Nr. 1: Unser Mangel an geistlicher Lebensausrichtung

Das klingt zunächst einmal ziemlich einfach: Freudenkiller Nr. 1 ist ein Mangel an geistlicher Lebensausrichtung. In Kolosser 3,1–2a fordert Paulus uns Christen auf: *Wenn ihr nun mit Christus auferweckt worden seid, so sucht das, was droben ist, wo der Christus ist, sitzend zur Rechten Gottes. Trachtet nach dem, was droben ist, nicht nach dem, was auf Erden ist.* Hier haben wir eine glasklare Wegbeschreibung: Wenn Christus euer Herr geworden ist, dann braucht ihr eine neue Lebensausrichtung: Sucht nicht mehr das, was auf Erden ist, sondern sucht das, was »droben« ist. Und »droben« wird hier auch schön definiert, das ist nicht irgendwo da oben im All, sondern »droben« ist da, wo Christus ist.

Was bedeutet es, nicht nach Irdischem zu trachten, sondern nach dem, was droben ist? Heißt das, wenn morgen dein Vermieter vor der Tür steht – es hat über Nacht geschneit – und sagt: »Hey, sie sind dran mit Schnee schippen, der ganze Bürgersteig ist voller Schnee!«, dass du dann in frommem Tonfall antwortest: »Brrruder, ich suche, was drrroben ist, nicht nach dem, was auf Errrden ist«?

Ich höre deinen Einwand schon: »Hallo, Uwe Schäfer, wir müssen trotzdem noch arbeiten gehen und Schnee schippen und die Kinder zur Schule fahren und der Keller muss dringend aufgeräumt werden. Es gibt eine ganze Menge furchtbar irdischer Sachen, aber die müssen doch auch sein, dem können wir uns doch nicht verweigern!« Natürlich nicht. Aber hier geht es um unsere Prioritäten. Jesus sagt: *Trachtet vielmehr zuerst nach dem Reich Gottes* (Matthäus 6,33). Sucht mit eurem Leben vor allem anderen nach den Dingen, die droben sind, und nicht nach denen, die auf Erden sind. Und wer sich so auf Gottes Reich ausrichtet, weißt du, was der immer wieder findet? Freude ohne Ende. In Psalm 16,11 heißt es: *Du wirst mir den Weg des Lebens zeigen; vor deinem Angesicht sind Freuden in Fülle, liebliches Wesen zu deiner Rechten ewiglich!*

Es geht um unsere Prioritäten

Jesus geht bei seiner Verheißung, dass unsere Freude völlig sei, davon aus, dass wir in seiner Gegenwart leben. Er setzt voraus, dass wir sein Reich suchen. In Epheser 1,3 schreibt Paulus: *Gepriesen sei der Gott und Vater unseres Herrn Jesus Christus, der uns gesegnet hat mit jedem geistlichen Segen in den himmlischen [Regionen] in Christus* – wenn wir da mal nicht vorbei gucken. Durch einen Mangel an geistlicher Lebensausrichtung, wenn wir zu stark an die Dinge unserer Zeit gebunden sind, können wir eine Menge verpassen.

### Wie funktioniert das?

Wie sieht das aber nun praktisch aus, zu suchen, was droben ist? Es gibt viele Möglichkeiten, die uns allen offenstehen. Und natürlich hat jeder seine persönlichen Schwerpunkte, wie er Zugang zu den himmlischen Dingen bekommt. Da sind zunächst das *Gebet* und die *Anbetung* zu nennen: dass wir vor Gott stehen und uns ihm hingeben, ihm danken, ihn loben. Die Beschäftigung mit *Gottes Wort* ist ein weiterer Weg. Neulich wollte ich morgens in meinem Büro meine Stille Zeit halten und fing an, den ersten Johannesbrief zu lesen. Eigentlich wollte ich dann beten, aber ich war auf einmal so begeistert und gepackt von meiner Lektüre – ich schnappte mir einige Bibelkommentare und wühlte mich durch die Fragen, die mir beim Lesen kamen. Vier Stunden später klappte ich meine Bibel zu und hatte den Eindruck: »Ich glaube, jetzt habe ich den ersten Johannesbrief zum ersten Mal verstanden.« Mir hilft das immer, wenn ich mal keine Predigt vorbereite und einfach so in der Bibel graben kann. Und ich merke, die Begegnung mit Gott in seinem Wort erfüllt mich mit Kraft und Freude.

Wir trachten auch durch die *Gemeinschaft* untereinander nach dem, was droben ist. In Hauskreisen, in der persönlichen Begegnung, im Beten füreinander. Im gemeinsamen Tragen und genauen Hinhören: Wie geht's dir denn? Das *Geben* ist ein direkter Weg zu mehr Freude. In Apostelgeschichte 20,35 zitiert Lukas Jesus: *Geben ist glückseliger als Nehmen!* Und „glückseliger“ bedeutet: Da ist größere Freude. Wir erhalten viel mehr zurück, wenn wir geben. Was für eine Erfüllung und Freude bedeutet es, wenn wir anderen Menschen *dienen* um Christi willen! Wenn wir uns für den anderen einsetzen, einander unterstützen, den anderen höher achten als uns selbst.

Das sind praktische Möglichkeiten, unser Leben geistlich auszurichten. Die Dinge dieser Welt – mein Haus, mein Boot, mein Auto, meine Karriere, mein

Urlaub – sind ja an sich nicht schlecht. Aber die Frage ist: Wo ist meine Lebenspriorität?

### Die Priorität meines Herzens

Wer mich kennt, der weiß: Ich bin ein lebenslustiger Kerl. Ich tue noch andere Dinge außer beten und Bibel lesen. Ich kann mich total am Urlaub freuen, an Sport, an einer guten Zeit miteinander, an einer schönen Party. Und das ist auch kein Problem, denn die Frage ist: Was ist die Priorität meines Herzens? Wer an die Dinge dieser Welt gebunden ist, erlebt doch immer wieder, dass jede irdische Freude an Grenzen stößt. Bei manchen geht es in der Kindheit los und endet erst mit dem Tod, dass sie nämlich denken: »Wenn ich mir jetzt noch dies oder jenes anschaffe, dann habe ich eine unglaubliche Erfüllung und Freude. Dann hab ich's geschafft! Dann bin ich zufrieden!« Doch schon nach kurzer Zeit brauchen sie unbedingt den nächsten Impuls, müssen sich die nächste Anschaffung gönnen, um Freude zu empfinden.

Ich tue noch andere Dinge außer beten und Bibel lesen

So ist es, wenn die Dinge dieser Welt unsere Priorität haben. Wer im Grunde für sein Haus lebt, der wird durch die schlechte Marktlage und sinkende Immobilienpreise furchtbar aufgeschreckt. Wem sein Vermögen besonders am Herzen liegt, dem raubt die negative Kursentwicklung seiner Aktien nachts den Schlaf. Ich sage damit nicht etwa, dass Christen kein Haus besitzen dürften – ich frage nur: Wo ist unser Herz? Wofür leben wir in erster Linie?

**Du darfst!**

> »Wo steht in der Bibel, dass man nicht fernsehen darf?«

Es gibt bei diesen Fragen einen großen Unterschied zwischen reifen und unreifen Christen. Als junger Christ wollte ich zwar Jesus nachfolgen, aber es gab eine Frage, die mich mehr beschäftigte als alles andere: Was ist erlaubt, und was ist verboten? »Wo steht denn in der Bibel, dass man nicht fernsehen darf? Wo steht, bitteschön, in der Bibel, dass ich am Wochenende nicht in die Disco gehen darf? Wo steht das?! Nirgends! Wo steht eigentlich geschrieben, dass ich nicht rauchen darf, oder in die gemischte Sauna, oder ins Kino?« Das ist die typische Frage eines unreifen Christen. »Ist das verboten oder ist das erlaubt?« Das sieht zwar auf den ersten Blick nach Freiheitsstreben aus, ist aber tief drinnen eine durch und durch legalistische, eine gesetzliche Mentalität: Was ist legal, und was ist illegal?

Reife Christen leben nach einem anderen Prinzip. Paulus bringt es in 1. Korinther 10,23 genial auf den Punkt: *Es ist mir alles erlaubt – aber es ist nicht alles nützlich! Es ist mir alles erlaubt – aber es erbaut nicht alles!* Es geht also beim Christsein nicht in erster Linie um die Frage, was man alles darf. Sondern es geht ständig um die Frage, was nützlich ist. Was dabei behilflich ist, enger mit Jesus zu leben, mehr von seiner Freude zu erfahren, ein erfülltes Leben zu führen. Was hilft mir, dass meine Beziehungen besser gelingen?

Erlaubt ist vieles. Du darfst gerne beim Marathon mitlaufen, und wenn du willst, dann darfst du dir dabei auch einen Kühlschrank um den Hals hängen. Es ist nicht verboten! Du kannst zum Marathon antreten mit dreißig Kilogramm Übergewicht. Du kannst gerne bei der *Tour de France* mitfahren und dein Rad mit Satteltaschen und mit einer Wolldecke ausrüsten, wenn du dich mal ausruhen willst. Du kannst dir auch noch ein Radio vorne dran schrauben. Das ist alles erlaubt. Aber wenn du gewinnen willst, dann weißt du eins: Das ist nicht gerade hilfreich.

Es geht also um die Frage der grundsätzlichen Ausrichtung meines Lebens: Was will ich eigentlich? Und wofür habe ich mich entschieden? Unreife Christen, deren Herz im Grunde an irdischen Dingen hängt, werden ewig an der Frage kleben bleiben: Was ist erlaubt und was ist verboten? Aber wer sich danach sehnt, zu erleben, was Gott für uns bereit hält, wer sich von ganzem Herzen in das Reich Gottes investieren will, der wird immer mehr und immer wieder fragen: Was ist nützlich, was hilft mir dabei?

**Was bringt's?**

Du kommst nach einem harten Tag nach Hause, fällst in den Sessel und greifst zur Fernbedienung. Eigentlich hast du dich schon oft gefragt, ob es das wirklich bringt. Aber die Versuchung ist unglaublich groß: Sich einfach fallen lassen, den Fernseher einschalten und herumzappen. Und plötzlich ist der Abend vorbei. Du weißt gar nicht, wie das passiert ist – ein Wunder: Peng, und der Abend ist rum! Und dann liegst du im Bett mit dem etwas schalen Beigeschmack: Was ist eigentlich aus diesem Abend geworden? Ist das verboten? Wenn du dir die Nachrichten zum dritten Mal und die Werbung für den neuen Audi zum siebten Mal anschauen willst – ich wüsste nicht, dass das verboten ist. Aber ist es nützlich?

Ich für mich habe beschlossen, das Lesen guter Literatur bewusst in mein Leben, in meine Freizeit zu integrieren. (Es muss ja nicht immer ein theologischer Wälzer mit tausend Seiten sein.) Es gibt hervorragende Erzählungen, Biographien, Romane mit soliden Werten, die bauen einen richtig auf. Ich lese gerne spannende Romane. Aber wenn ich einen richtig guten christlichen Roman in der Hand habe – das ist irgendwie etwas anderes. Das hat neben der guten Unterhaltung noch etwas mit meinem Leben zu tun. Es spornt mich an. Ich verstehe etwas mehr von dem, was Gott will. Es hilft mir, es tut mir gut, es baut mich auf. Und es entspannt mindestens so gut wie Fernsehen – vielleicht kostet es ein wenig mehr Einsatz.

Wir brauchen immer wieder neu die Entscheidung zu einer geistlichen Lebensausrichtung

Denken wir an unseren Urlaub und die vielen freien Tage, die wir Deutsche jedes Jahr haben – keiner hat soviel Urlaub wie wir. Es wäre unheimlich nützlich, wenn jeder Christ einmal im Jahr auf eine gute Freizeit oder Konferenz fahren oder ein Seminar besuchen würde. Wenn wir dort etwas investieren, unseren Gemeindealltag und den Arbeitsalltag einmal hinter uns lassen und uns dienen lassen, dann ist das unglaublich hilfreich. Es dient uns, wenn wir geistlich mal das Fenster aufmachen. Der Alltag im Gemeindeleben kann auch ganz schön fordern, wenn man Verantwortung übernimmt. Damit müssen wir wohl umgehen, denn ich habe nicht die Hoffnung, dass sich das auf Erden ändern wird. Aber gerade darum ist es unglaublich nützlich, mal rauszukommen.

Die Frage: Was darf ich und was darf ich nicht? ist – mit Verlaub – geistlicher Kinderkram. Sondern wir brauchen immer wieder neu die Entscheidung zu einer geistlichen Lebensausrichtung. Ich habe dafür ein großes Vorbild. In Hebräer 11,25–26 heißt es über Mose: *Er zog es vor, mit dem Volk Gottes Bedrängnis zu erleiden, anstatt den vergänglichen Genuss der Sünde zu haben, da er die Schmach des Christus für größeren Reichtum hielt als die Schätze, die in Ägypten waren; denn er sah die Belohnung an.* Ägypten hatte eine Menge zu bieten für Mose. Vielleicht wäre er sogar der nächste Pharao geworden. Ägypten war das reichste Land der damaligen Welt. Da war alles zu holen. Aber Mose hatte einen geistlichen Blick. Er schaute sich diese schmutzigen, überarbeiteten versklavten Hebräer an, die wie ein primitives Urvolk gehalten wurden. Und er sagte sich: Hier ist größerer Reichtum. Hier ist mehr Belohnung. Hier kann ich mehr für mein Leben bekommen.

Dafür braucht man einen geistlichen Blick. So einen Blick wünsche ich mir auch. Diese eindeutige Ausrichtung meines Lebens auf das, was wirklich zählt.

### Freudenkiller Nr. 2: Unsere Undankbarkeit

Undankbarkeit ist ein weiterer großer Freudenkiller. Der Psalmist lässt Gott sagen: *Wer Dank opfert, verherrlicht mich und bahnt einen Weg; ihn werde ich das Heil Gottes sehen lassen* (Psalm 50,23; *Elberfelder Bibel).* Wenn wir diese Aussage umdrehen, dann bedeutet das: »Wer nicht Dank opfert, der verherrlicht mich nicht und bahnt keinen Weg – ihn werde ich das Heil Gottes *nicht* sehen lassen.« So wird vielleicht klarer, was hier gemeint ist: Dankbarkeit führt dazu, Gottes Heil zu sehen. Und Gottes Heil ist nicht nur »in den Himmel kommen«. Sondern »Heil« bedeutet alles, was Gott für uns bereitet hat – zum Beispiel diese Freude, die uns niemand nehmen kann, tiefen Frieden, eine heile Ehe, all die wunderbaren Dinge, die Gott für uns bereitet hat. Wer also dankbar ist, der verherrlicht Gott und bahnt dadurch einen Weg, das Heil sehen zu können, diese Inhalte des Heils auch erleben zu dürfen. »Undank«, so der Theologe Dietrich Bonhoeffer (1906–1945), »erstickt den Glauben, verstopft den Zugang zu Gott« (Gesammelte Werke, Band III, Edition Christian Kaiser, Gütersloh 2002). Ich glaube, das stimmt. Und all die Freude, die in unser Leben hineinfließen soll, fällt dann dieser Verstopfung zum Opfer.

Ich glaube, dass Christen die positivsten Menschen auf Gottes Erdboden sein dürfen. Dass wir erkannt werden sollen – neben unserer Liebe füreinander – an unserer Freude. Und hier sehe ich eine Chance für unser Land. Mag ja sein, dass wir nicht so inbrünstig beten können wie die Afrikaner. Mag ja sein, dass wir nicht so stark glauben können wie die Koreaner. Von Totenauferweckungen habe ich in unserem Umfeld lange nichts mehr gehört. Aber hier sehe ich eine Marktlücke für uns Deutsche, eine Nische für Erweckung: Dass nämlich inmitten dieser Finsternis der Trübsinnigkeit Menschen an den Arbeitsstätten sind, in den Universitäten, im Elternbeirat der Schulen – die sind so unglaublich positiv, es ist kaum auszuhalten! Die haben in der schlimmsten Situation noch was Positives beizutragen. Die haben selbst dann noch konstruktive Vorschläge. Die sind von einer Freude, von einer inneren Grundstimmung getragen, das ist geradezu skandalös. Man mag sie am Anfang als oberflächlich und Sonnengemüter abtun.

Aber es gibt in unserem Land eine solche Sehnsucht nach Freude. Ich kann mir vorstellen, dass wir wirklich eine Erweckung erleben könnten, wenn wir unsere Freunde da draußen darauf stoßen würden, wo die wahre Freude liegt. Manchmal sieht man Bilder von »Ballermann« und vom Saufen aus Eimern, wie sich Leute nahezu wie Tiere benehmen, den ganzen Strand verunreinigen und anschließend in Ausnüchterungszellen liegen – auf der Suche nach ein bisschen Freude, ein bisschen Glück. Es ist albern, wie verzweifelt die Menschen dabei geworden sind. Sie sind bereit, sogar ihre Würde zu opfern, sich zum Gespött zu machen auf ihrer Suche nach Freude.

Wenn wir radikale Aussteiger würden ...

**Aussteiger gesucht**

Und wir sitzen an der Quelle. Wenn wir das kapierten, was für eine Kraft in dieser Botschaft steckt, was für eine Chance für unser Volk sich hier verbirgt, wenn wir radikale Aussteiger würden! Aussteiger aus der Jammergesellschaft, aus dem Club der Meckerei und uns stattdessen zu dieser Freude entscheiden würden. Wir erinnern uns: Freude hat auch etwas mit Gehorsam zu tun, mit Entscheidungen und Weichenstellungen, in welche Richtung mein Leben gehen soll. Ich will dankbar sein, nicht nur sonntags im Gottesdienst oder im Hauskreis, jeden Tag meines Lebens will ich dankbar sein und das Heil Gottes erleben – eben auch diese wunderbare Freude.

In der Welt gibt es eine Kopie davon: Die Lehre über positives Denken. Immer wenn ein Fußballclub durchgereicht wird und Spiel für Spiel verliert, dann holt man sich so einen Mentaltrainer, und der soll den Spielern dann positives Denken beibringen. So einen Job würde ich nicht mal geschenkt haben wollen! Der Mentalcoach legt los: »Leute, denkt positiv! Ihr seid die Größten!« Die frustrierten Spieler: »Ja, ist klar … Entschuldigung, aber ich krieg das 16:0 vom letzten Wochenende beim Heimspiel gegen den Seniorenverband irgendwie nicht aus dem Kopf.« Doch der Coach lässt nicht locker: »Nu vergiss das, ihr seid die Größten! Ihr schafft das!« Irgendwann geht die Mannschaft vielleicht wirklich mit dem Denken auf den Platz: »Jou, wir sind die Größten!«. Aber kaum ist der Ball im eigenen Tor, bricht das ganze Gebäude wieder zusammen.

Der Mentaltrainer soll den Spielern dann positives Denken beibringen

Das brauchen wir als Christen nicht: »Wir machen jetzt mal einen auf Freude. Wie beim Karneval, humba, humba, Amen!« Ich meine doch *echte* Freude. Wir haben doch Grund zur Freude, wir sind doch so reich beschenkt, in Christus ist uns doch so viel verheißen – was für eine Chance! Was für eine Durchschlagskraft könnten wir da draußen in dieser Welt haben, wenn dieses Geheimnis der Freude in unserem Leben so richtig zum Tragen kommt!

**Mehr als ein Gefühl**

Dankbarkeit ist nicht zuerst ein Gefühl, sondern eine Charakterentscheidung: Ich möchte diesen Weg zur Freude wählen. Ich will ein dankbarer Mensch sein. Lobpreis und Anbetung sind eine riesige Chance. Und Gott hat uns aufgetragen, ihn zu loben. Das hat aber überhaupt nichts mit seinem Selbstwertgefühl zu tun. Das klingt in unseren Ohren schnell nach *fishing for compliments:* Lob mich mal! Wer ständig befiehlt, gelobt zu werden, der wirkt auf mich unsicher. Wenn ich meiner Familie zuhause sage: »Ich bin der Vater, ich verdiene hier das Geld, und dafür lobt ihr mich jetzt auch mal anständig!«, das einzufordern ist doch eher schwierig, oder? Ich meine, es schadet ja nicht, auch den Vater mal zu loben, dankbar zu sein für das, was er für die Familie tut. Das sind ja alles gute Züge. Aber das so einzufordern? Wenn man die zahlreichen Aufforderungen, Gott zu loben, also liest, dann kann man schon mal die Frage stellen: »Herr, wieso musst du uns das eigentlich so massiv befehlen? Dass du keine Komplexe hast, darüber müssen wir doch nicht reden!«

Die Antwort ist einfach: »Weil *ihr* das braucht, mich zu loben. Es geht nicht darum, dass *ich* das brauchte. Ihr habt es nötig, den Blick immer wieder mal weg von euch selbst zu richten. Weg von euren Wehwehchen, von all den kleinen und großen Kämpfen, um das große Bild in den Blick zu nehmen. Wenn ihr mich anseht, als euren Gott, als den Felsen, wenn ihr neu wahrnehmt, was ich für euch bin – da geschieht doch etwas mit *euch!«* Gott fühlt sich anschließend nicht besser, sondern wir. (Ja, ja, wir müssen es so anstellen, als ginge es nur darum, Gott eine Freude zu machen und ihn zu ehren, das ist schon richtig. Es wäre natürlich Quatsch, Gott mit so einer Selbstbedienungsmentalität loben zu wollen – »oh, ich bin so schlecht drauf, brauche jetzt unbedingt bisschen Lobpreis, damit ich wieder in Stimmung komme«.)

Nein, sondern wir vergessen uns mal. Das ist der Punkt. Wir konzentrieren uns mal auf unseren wunderbaren Gott, der uns reich beschenkt hat in Jesus Christus. Durch den wir so unsagbar reich gemacht worden sind. Es füllt unser Leben mit Licht, und mit Freude, wenn wir Gott loben. Ganz ehrlich: Ich wünsche mir bei den Lobpreiszeiten in meiner Gemeinde eine andere Intensität. Damit meine ich nicht, dass jemand uns von vorne ankurbeln müsste: »Nun klatscht mal feste in die Hände, ruft mal laut: Juhu!« Darauf kann ich verzichten. Es geht mir darum, tiefer zu verstehen, dass Gott uns hier eine Chance gibt: »Wenn ihr mich lobt, werde ich gegenwärtig sein. Ich werde euch segnen und euer Leben neu mit Freude erfüllen.«

»Nun klatscht mal feste in die Hände!«

**Vergessen macht undankbar**

Ich vermute, während du das liest, wirst du sagen: »Klar! Das stimmt.« Ich habe noch keinen Christen getroffen, der sagen würde: »Tut mir leid, aber mir gefällt diese Aussage überhaupt nicht – ich bin nun mal gerne undankbar, und das soll auch so bleiben.« Kein Christ steht morgens auf, gähnt, streckt sich und nimmt sich vor: »Ich glaube, heute mache ich mal auf undankbar.« Wenn wir uns mit dem Thema Dankbarkeit beschäftigen, ist schnell alles wieder ganz klar. Wie also entsteht Undankbarkeit in meinem Leben?

Undankbarkeit beginnt mit dem Vergessen. Mit dem Vergessen, wie reich beschenkt und wie gesegnet wir wirklich sind. In Psalm 103,2 heißt es: *Lobe den Herrn, meine Seele, und vergiss nicht, was er dir Gutes getan hat!* Ich weiß natürlich nicht genau, was der Psalmist David sich dabei gedacht hat. Aber mir scheint, er spricht seine Seele an. Er wendet sich auch an seine Gefühle und sagt: »Hey, hier drinnen wird nicht Trübsal geblasen! Wir drehen uns hier nicht egoistisch um uns selbst, hier ein Wehwehchen und da ein Wehwehchen und das könnte auch ein bisschen besser laufen ... Da war ich enttäuscht und der hat mich nicht gegrüßt ... Feierabend! Lobe den Herrn, meine Seele, und vergiss doch bitte mal nicht, wieviel Gesundheit wir haben, wieviel Freude wir haben, wieviele schöne Beziehungen, wie reich wir sind, wieviel Gott für uns getan hat – vergiss das bitte nicht!«

Dietrich Bonhoeffer bringt das genial auf den Punkt, wenn er schreibt: »Undankbarkeit beginnt mit dem Vergessen, aus Vergessen folgt Gleichgültigkeit, aus der Gleichgültigkeit Unzufriedenheit, aus der Unzufriedenheit Verzweiflung, aus der Verzweiflung der Fluch« (Gesammelte Werke, Band III, Edition Christian Kaiser, Gütersloh 2002). Dann ist der Fluch also das Gegenteil davon, Gottes Heil durch Dankbarkeit zu sehen.

Was können wir tun, um nicht zu vergessen? Es gibt nur eine Strategie: Vom Denken zum Danken. Wir brauchen einfach strukturierte Danksagungsgewohnheiten, um die Dankbarkeit zu pflegen. Als kleiner Junge hat mich beeindruckt, dass mein Vater abends oft zu uns ins Zimmer kam und fragte: »Wofür können wir heute denn danken?«, bevor er mit uns betete. Das hat mich geprägt. (Liebe Väter, ihr könnt eure Kinder viel tiefer fürs Leben prägen, als ihr denkt! Es kostet nicht immer gleich einen ganzen Tag, sondern oft sogar nur einen Moment.) Das ist eine gute geistliche Übung: Wofür können wir heute danken? Nein, es ist nicht selbstverständlich, dass es uns gut geht. Unser Gott hat wieder die Hand über uns gehalten.

Vom Denken zum Danken. Klingt das anstrengend? Dann darf ich vielleicht vorschlagen, Daniel nachzuahmen – einen führenden Politiker einer damaligen

Weltmacht: *Als nun Daniel erfuhr, dass das Edikt* [der Befehl] *unterschrieben war, ging er hinauf in sein Haus, wo er in seinem Obergemach offene Fenster nach Jerusalem hin hatte, und er fiel dreimal am Tag auf die Knie nieder und betete und dankte vor seinem Gott, ganz wie er es zuvor immer getan hatte* (Daniel 6,11). Nach diesem Muster versuche ich zu leben. Ich schaffe es nicht jeden Tag dreimal. Und manchmal wird nur eine Blitzaktion daraus. Aber ich will dreimal täglich mein Handy ausschalten, den Telefonhörer daneben legen, und wenn es nur fünf Minuten sind, und Gott auf Knien dafür danken, dass es mir so gut geht. Ich möchte das in mein Leben integrieren.

Viele von uns sind hochbeschäftigt, und es gibt ja auch wirklich viel zu tun. Aber wenn Daniel dafür Zeit hatte, wenn es für ihn sogar unverzichtbar war – und tatsächlich war es sogar bei Todesstrafe verboten –, wenn das für ihn so nützlich war, will ich mich davon anspornen lassen. Offenbar ist es ungeheuer nützlich, sich ein, zwei, dreimal am Tag eine solche Oase zu gönnen – fünf Minuten Dankbarkeit. Ärger dich mal nicht so sehr, wenn der Parkplatz nicht direkt vor dem Gebäude ist, wo du hinwolltest – park einfach weiter weg und nimm die fünf Minuten Fußweg als Gelegenheit, Gott zu preisen, ihm zu danken für so vieles, was er getan hat. Es hilft gegen das Vergessen.

## Undankbarkeit durch Vergleichen

Es gibt noch etwas, was uns immer wieder zurück in die Undankbarkeit stoßen will: das *Vergleichen*. Asaph schrieb mal einen Psalm: *Nur gut ist Gott gegen Israel, gegen die, welche reinen Herzens sind. Ich aber – fast wäre ich gestrauchelt mit meinen Füßen, wie leicht hätte ich einen Fehler getan! Denn ich beneidete die Übermütigen, als ich das Wohlergehen der Gottlosen sah* (Psalm 73,1–3). Und dann macht er ein Fass auf, das quillt nur so über vor Selbstmitleid. *Ganz umsonst habe ich mein Herz rein erhalten* (Vers 13), »ganz umsonst in die Gebetsstunde gegangen, ganz umsonst immer im Gottesdienst gewesen, meinen Zehnten gegeben, die Mission unterstützt, ganz umsonst! Schau dir doch an, wie sie leben, gesegnet sind sie, die Gottlosen! Haben mit Gott und Gemeinde nichts am Hut, und sieh dir das an, wie großartig es denen geht!« Asaph platzt beinahe, bis er sich am Ende dieses Psalms zum Glück endlich besinnt auf seinen unglaublichen Reichtum in Jahwe, im ewigen Gott.

Mit Menschen, die nicht so gut dran sind wie wir, vergleichen wir uns fast nie

Søren Kierkegaard, der dänische Philosoph und Theologe (1813–1855), hat einmal treffend gesagt: »Das Vergleichen ist das Ende des Glücks und der Anfang der Unzufriedenheit.« Wenn ich mich mit anderen Menschen vergleiche, die begabter sind als ich oder die im Leben – oberflächlich gesprochen – einfach mehr Glück gehabt haben als ich, wie schnell kann ich da undankbar werden! Interessanterweise vergleichen wir uns fast nie mit Menschen, die nicht so gut dran sind wie wir. Aber wieviele Menschen gibt es, die viel weniger haben als ich!

Es wird immer Menschen geben, die es offensichtlich noch etwas besser haben als du. Und wenn du das als Gelegenheit zur Undankbarkeit nutzen möchtest, dir damit den Zugang zu Gott verstopfen, seine Freude dadurch abdrehen möchtest, dann hast du jederzeit die Chance dazu. Aber das muss ja nicht so sein, oder? Wer vom Denken immer wieder zum Danken kommt, wer sich klar macht, was Gott für uns getan hat, der hat das nicht nötig. Wer sein Leben geistlich ausrichtet und Dankbarkeit übt, der klingt eher so: *Du hast mir Freude in mein Herz gegeben, die größer ist als ihre, wenn sie Korn und Most in Fülle haben* (Psalm 4,8). Das ist eine geistliche Haltung. Man könnte ja auch sagen: »Die anderen haben viel mehr Korn! Warum haben wir eigentlich nicht mehr Most? Da rackerste dich ab und machst und tust, und die haben mehr Most!« Der Psalmist David stellt hier auch einen Vergleich an, aber einen ganz anderer Art – »Gott, du hast mir viel mehr Freude in mein Herz gegeben, wahre Werte, echtes Leben, ewiges Leben, lass die doch ihren Most trinken! Most ist was Leckeres, aber so wichtig auch wieder nicht.«

Nutzen wir die Chance, die Gott uns für unser Land schenkt!

### Freudenkiller Nr. 3: Unsere unbereinigte Sünde

Ein weiterer Freudenkiller im Leben von Christen ist Sünde. Das Ironische ist: Wenn der Teufel uns zur Sünde versucht, verkauft er das natürlich immer so, als würde genau das uns Freude bescheren. Als wäre es genau das, was uns zum Lebensglück noch fehlt! Dann biegen wir uns die Bibel vielleicht etwas zurecht, um uns dieses verlockende Stück »Freude« nicht entgehen zu lassen. Und nach einiger Zeit stellen wir fest, dass die echte Freude dabei baden geht. Wo wir in unserem Leben Sünde bewusst dulden, da wirkt sich das als absoluter Freudenkiller aus.

Ich bringe hier noch einmal David, den großen König Israels, ins Spiel, diesen wunderbaren Mann Gottes. Wir kennen aber auch seine schwachen Momente (2. Samuel 11): Als er eines Abends seine schöne Nachbarin Bathseba in einer Art und Weise sieht, wie er sie besser nicht hätte sehen sollen, da vergisst er sich völlig und missbraucht seine Macht. Der König, der sechs Frauen hatte, nimmt sich die Frau von Urija, der zur selben Zeit für die Ausweitung des Königreiches kämpft, der seinen Kopf treu für seinen König David hinhält. David lässt Urijas Frau Bathseba zu sich holen, er schläft mit ihr, sie wird schwanger – und nun hat David ein Problem, denn Bathsebas Ehemann war definitiv nicht zuhause.

Die echte Freude geht dabei baden

David lässt Urija von der Front nach Hause kommen: »Mensch, du hast dich so bewährt, Heimaturlaub, mein Freund! Entspann dich, geh zu deiner Frau, und habt eine gute Zeit!« Doch dann hört David von seinen Leuten, dass dieser treue Soldat, sein Nachbar, draußen auf dem Hof bei den Knechten schläft. David hakt nach: »Hallo, bist du noch ganz gesund? Bist du vielleicht in der Schlacht irgendwo getroffen worden ...? Ich hab dich doch nicht nach Hause kommen lassen, damit du bei mir auf dem Hof schläfst! Du sollst deine Frau, euer Miteinander genießen. Komm, lasst es euch gut gehen, jetzt ist die Zeit der Belohnung.« Ich weiß ja nicht, was mit Davids Gewissen los war, aber das hätte längst explodieren müssen. Dieser Urija, eine Seele von Mann, sagt: »Nein, David, meine Freunde und Brüder, die kämpfen da für dich und hausen in Zelten, ich will überhaupt keinen Urlaub, ich will zurück an die Front ...« Was für ein eifriger Soldat! David hatte wahrscheinlich kaum einen treueren, kaum einen besseren Mann in seinen Diensten als diesen Urija. Er nimmt einen neuen Anlauf und lädt Urija zum Essen ein. Dabei lässt er ihn so richtig abfüllen, in der Hoffnung, dass Urija sich vielleicht doch mal vergisst. Aber Urija bleibt auf dem Hof bei den Knechten des Königs, anstatt die Nacht bei seiner Frau zu verbringen.

Sünde macht nicht glücklich

Davids Plan geht nicht auf. Aber weil er seinen Ehebruch unbedingt vertuschen will, schickt er Urija zurück an die Front und gibt ihm einen Brief für Hauptmann Joab mit. Und darin erteilt er den Befehl, Urija in einer kritischen Situation im Kampf im Stich zu lassen, so dass er dabei umkommt. Davids Leute führen seinen Befehl aus, und Urija verliert tatsächlich sein Leben. Ein eiskalter Mord. Damit zieht David auch noch andere mit hinein. Was für eine Sünde! Und wie sehr hat David dadurch seine Autorität vor dem Volk beschädigt!

*Aber die Sache, die David verübt hatte, war böse in den Augen des Herrn,* heißt es in 2. Samuel 11,27. Und so schickt Gott den Propheten Nathan zu David und konfrontiert ihn mit seiner Schuld. Gott sei Dank, er schenkt Gnade und Raum zur Buße. Und David erkennt seine Sünde und tut von ganzem Herzen Buße. In diesem Zusammenhang schreibt er einen Psalm und sagt: *Gib mir wieder die Freude an deinem Heil* (Psalm 51,14a).

Der springende Punkt ist: Sünde macht nicht glücklich. Ein Kind Gottes kann mit Sünde nicht glücklich werden. Davids Sohn stirbt schließlich sogar. So sehr der Teufel auch versucht, uns unter Druck zu setzen und uns einzureden: »Du brauchst das, du brauchst das, du brauchst das!« Sünde raubt uns unsere Freude.

Wo Sünde im Spiel ist, da haben wir keine Freude mehr am Heil Gottes. Da ist Stille Zeit lästig, Hauskreis langweilig und den Gottesdienst lässt man gerne mal ausfallen. Alles, was mit Gott zu tun hat, mit Heil, mit seinem Reich, ist auf einmal eher mühsam. Es brennt nicht mehr in unserem Herzen.

*Gib mir wieder die Freude an deinem Heil.* Da, wo wir wieder Freude am Heil Gottes haben, da haben wir übrigens auch wieder Freude aneinander, Freude an der Bibel, daran, wenn Menschen sich bekehren.

**Umkehren zur Freude**

Und deswegen ist die Predigt von der Buße auch kein trauriges Thema. Für mich hatte Buße früher den Geschmack von: »Jetzt reden wir mal über all die schönen Dinge, die werden jetzt nämlich abgeschafft!« Dabei ist Buße ganz und gar kein trauriges Thema, sondern Buße ist der direkte Weg zur Freude. Buße, Umkehr ist der direkte Weg, dass wir wieder Freude an Gott, an Jesus Christus, Freude an seinem Reich, an seiner Gemeinde haben. In Psalm 32 bringt David das stark zum Ausdruck: *Wohl dem, dessen Übertretung vergeben, dessen Sünde zugedeckt ist! Als ich es verschwieg, da verfielen meine Gebeine durch mein Gestöhn den ganzen Tag. Denn deine Hand lag schwer auf mir Tag und Nacht, so dass mein Saft vertrocknete, wie es im Sommer dürr wird. Da bekannte ich dir meine Sünde und verbarg meine Schuld nicht; ich sprach: »Ich will dem Herrn meine Übertretungen bekennen!« Da vergabst du mir meine Sündenschuld* (Verse 1.3–5). Wenn wir dem Heiligen Geist Raum geben, uns zu zeigen, wo Sünde in unserem Leben ist, wenn wir Jesus Christus unsere Sünde bekennen und sie lassen, wenn unser

Leben wieder in Ordnung ist vor ihm, dann ist in unserem Leben wieder Raum für neue Freude! Wenn wir ins Licht kommen, wenn wir mit anderen Menschen in Ordnung bringen, was zu bereinigen ist, kann die Freude wieder bei uns einziehen.

## Freudenkiller Nr. 4: Unser Sorgen

Sorgen tötet Freude. Die gute Nachricht dabei lautet: Die Verheißungslage in Bezug auf Sorge ist großartig. So heißt es in 1. Petrus 5,7: *Alle eure Sorge werft auf ihn; denn er sorgt für euch.* Wenn er, der allmächtige, souveräne Gott, der Schöpfer des Himmels und der Erde, für mich sorgt, ja entschuldige bitte, wozu sollte ich denn dann noch sorgen?! Das ist ja wie mit der Maus, die in den Ozean spuckt und sagt: »Jeder muss einen Beitrag leisten.« Der allmächtige Gott sorgt für mich, ist besorgt um mich, hat einen Plan für mich, versorgt mich. Wieso sollte ich da mein Leben mit Sorge verbringen?!

### Zum Glück ist Sorgen Sünde

Ich will diese gute Nachricht noch einmal ausdrücklich in den Raum stellen: Sorge ist Sünde. Das gute daran ist doch: Alles, was Sünde ist, können wir loswerden (s. Seite 71ff.). Sorge ist Sünde, weil sie Misstrauen gegen Gott ist. Denn Sorge sagt: »Ja, er sorgt für mich (aber nicht wirklich). Er sorgt für mich (aber eher so auf fromme, religiöse Art, wo mir dann mal ein Bibelvers helfen soll oder so). Wenn‘s wirklich ans Eingemachte geht, wenn‘s echt an den Alltag geht, da stehe ich dann doch alleine da! Wenn‘s wirklich um meine Kinder geht, um die Zukunft, die Rente, die Finanzierung meines

Hauses – all diese Dinge, die einen so beschäftigt halten können, sorgt er da wirklich für mich?!«

In diesem Denken liegt Misstrauen, darin liegt Unglauben. Und das Befreiende ist doch, dass wir als Jünger Jesu lernen dürfen, Sorgen richtig zu entsorgen. Ich finde, hier macht das Wort »ent-sorgen« richtig Sinn. Wir können alle unsere Sorgen auf Jesus werfen und sagen: »Jesus, es tut mir so leid, dass ich mir seit Wochen um diese Sachen Sorgen mache. Dass ich seit Wochen manches Mal nachts wach gelegen bin, kaum mehr Freude habe, sondern griesgrämig bin. Es tut mir leid, dass ich es mit mir herumschleppe wie eine schwere Last – so, als hätte ich keinen Herrn, der doch versprochen hat, all meine Last zu tragen. Bitte verzeih mir. Ich will umkehren, und werfe meine Sorge auf dich: Bitte trage du meine Sorge.« Was für eine Befreiung! Buße, Umkehr ist der direkte Weg zur Freude, eben auch die Buße über die Sorge und den dahinter stehenden Unglauben.

Bin nicht auf den Gedanken gekommen, dass Sorgen Sünde ist

Auch das wird umkämpft bleiben, solange wir hier leben: Sorgen kommen wie ein Bumerang immer wieder zurück. Es ist nicht so, als hätte ich selbst in meinem Leben nie Sorgen. Aber ich merke, dass ich als Jünger Jesu immer mehr lerne, damit umzugehen. Früher konnte ich mir wochenlang Sorgen machen – und ich bin überhaupt nicht auf den Gedanken gekommen, dass das Sünde ist. Eine kleine Lüge, und ich wäre sofort aufgeschreckt. Ein Diebstahl? Dafür brauche ich keine wochenlange Bedenkzeit – »ja, hm, bin ich nach dem Tanken einfach abgehauen, ohne zu bezahlen ... Sicher, das könnte man jetzt als Diebstahl empfinden, ich werde mal meinen Pastor fragen. Auf der anderen Seite – wenn die da an der Tankstelle keine Kameras installiert haben, vielleicht will der Herr mich ja auch so versorgen?« Nee, nee, also das habe ich relativ schnell geblickt: Eine Lüge, eine Unaufrichtigkeit, das ist Sünde, da tue ich schnell Buße, keine Frage.

Diese Angst und Sorge, die uns innerlich zerfrisst

Aber Sorgen? Damit kann ich wochenlang herumlaufen! Menschen anpflaumen in meinem Umfeld, die mir gar nichts getan haben. Meine schlechte Laune an ihnen auslassen, weil ich so voller Sorge und innerer Verspannung bin. Auf den Gedanken: »Hey, was hier läuft, ist Sünde!«, kam ich relativ spät. Da habe ich lange auf der Leitung gestanden, das gebe ich zu. Und nun lerne ich, relativ schnell zu sagen: »Weißt du, was du hier machst, Schäfer? Das ist Sorgen!« »Nein, das ist nicht Sorgen, ich fühle mich nur verantwortlich.« Okay, da kann man noch mal differenzieren. Es geht ja auch nicht darum, dass wir unverantwortlich leben sollten. Wenn du zum Beispiel für deine Kinder Vorsorge triffst, ist das in Ordnung. Mir geht es um diese Angst und Sorge, die uns innerlich zerfrisst. Und der will ich in meinem Leben schnell Einhalt gebieten.

### Geldgier als Ursache Nr. 1

Ich glaube aber auch, dass es einen Grund gibt, warum Christen oft nicht sorgenfrei leben. Ich glaube, dass wir häufig deswegen in Sorge sind, weil wir eine ungeheiligte Beziehung zum Geld haben. Eine Einstellung zum Geld also, die mit Gott und seinem Wort nicht in Einklang zu bringen ist. Ich behaupte jedenfalls, dass der Großteil unserer Sorgen mit Geld zu tun hat. Es gibt

Sorgen um Gesundheit, keine Frage, oder darüber, wie unsere Kinder sich entwickeln. Aber ein großes Thema unseres Sorgens ist Geld.

Das Ironische dabei ist, dass es nur wenige reichere Völker gibt als uns. Ein Mann unserer Gemeinde hat berichtet, dass er und seine Familie zurück in die Demokratische Republik Kongo abgeschoben werden sollten – ein Land mit absolutem Chaos, mit Armut, mit minimaler Infrastruktur, und die noch durch Bürgerkriege zerstört. Möglicherweise erwartet ihn dort sogar eine Gefängnishaft. Und er ist mir ein Vorbild geworden, wie er in dieser ungewissen Zeit Christus vertraut hat – unter Anfechtungen und Bedrohungen, die von uns Deutschen keiner mitgemacht hat, mit Ausnahme derer, die den Zweiten Weltkrieg erlebt haben. Er hat sich mit Freude in unsere Gemeinde eingebracht, und wenn man ihn nach dem Stand der Dinge gefragt hat, dann hat er geantwortet: »Ich vertraue Jesus.« Das hat mein Herz tiefer bewegt als tausend Predigten. Ich frage mich also: Kann das wirklich sein, dass ein Hauptthema des Sorgens von uns Deutschen Geld ist?!

Dabei ist das Problem gar nicht mal das Geld selbst, sondern unsere Einstellung zum Geld. Das Wort Gottes ist in Bezug auf Jüngerschaft, Nachfolge Christi und den Umgang mit Finanzen sehr eindeutig. *Euer Lebenswandel sei frei von Geldliebe! Begnügt euch mit dem, was vorhanden ist; denn er selbst hat gesagt: »Ich will dich nicht aufgeben und dich niemals verlassen!«* (Hebräer 13,5). Hier ist er wieder, dieser Versorgungsgedanke. Gott selbst sagt: »Ich werde dich versorgen. Ich werde dich nicht aufgeben, werde dich nicht verlassen.« Und deswegen ist es weder nötig noch sinnvoll, dass Geld einen solch zentralen Punkt unseres Lebens einnimmt.

Mancher sagt: »In der Bibel steht ja: Geld ist die Wurzel allen Übels!« Nee, das steht nicht in der Bibel. Das ist knapp daneben, aber mächtig vorbei. Geldgier, Geldliebe ist das Problem. Geld kann nichts dafür, dass wir sündig sind. Geld ist ja nur eine Tauschwährung – eine Stunde Fegen bringt dir fünf Euro. Für die fünf Euro kannst du so und so viel Milch bekommen. Du hättest die Milch natürlich auch direkt fürs Fegen bekommen können. Aber das Geld soll dabei helfen, die Leistung einigermaßen objektiv in Wert auszudrücken. Geld ist nichts Böses, Geld ist auch nicht schmutzig. Und deswegen vergessen wir diesen Unsinn, in der Kirche dürfe nicht über Geld gesprochen werden. Geld ist so sachlich wie der Sessel, auf dem du gerade sitzt.

### Genügsam leben

Aber die Bibel nennt es Götzendienst, wenn unser Herz zum Beispiel an Geld hängt. Sie hinterfragt unseren Lebensstil sehr ernsthaft: *Begnügt euch mit dem, was vorhanden ist.* Die am weitesten verbreitete Art, sich eben nicht zu begnügen, besteht darin, Schulden zu machen. Und Schulden sind einer der größten Auslöser unseres Sorgens. Sie drücken. Wenn du alles fein säuberlich kalkuliert hast und plötzlich geht die Waschmaschine kaputt ... Die Nachbarn fahren in Urlaub, das dritte Mal in diesem Jahr. Sie fliegen nach Korfu, Griechenland. Mit Trecksuit und Stirnband rollen sie ihre schönen neuen Jet-Köfferchen Richtung Auto: »Tschüss!« Und du bleibst da und gießt die Blumen. Alles in dir sagt: »Hey, ich verpasse hier was! Alle anderen, aber ich nicht ...« und schon sitzt du an irgend einem Schalter und lässt dir sagen: »Mensch, komm, in sechsunddreißig bequemen Raten ...« Schulden sind ein

Elend. Dabei meine ich nichts Extremes, sondern wenn wir über unsere Verhältnisse leben. Das nimmt uns manches Mal die Luft zum Atmen.

Gott versorgt uns, aber diese Zusage ist gekoppelt an die Aufforderung zur Genügsamkeit. Das heißt nicht, dass der Herr nicht auch mal über das Minimum hinaus segnet. Dass es uns finanziell auch mal richtig gut gehen kann. Ich glaube sogar, dass Gott uns oft großzügig versorgt, dass er es uns über die Maßen gut gehen lässt. Aber sein Blick ist immer auf unser Herz gerichtet: Wie ist unsere Einstellung zu Geld? Wir können uns viel ersparen, wenn wir genügsam leben. *Es ist allerdings die Gottesfurcht eine große Bereicherung, wenn sie mit Genügsamkeit verbunden wird* (1. Timotheus 6,6).

Wir können uns viel ersparen, wenn wir genügsam leben

Ich will meine Sorgen entsorgen. Ich will lernen, täglich zu fragen: Ist irgendwo in meinem Leben Sünde? Noch einmal: Es geht nicht darum, dass wir uns nun noch mehr sorgen. Sondern in der Buße geben wir die Lasten ab. Unser Vater sagt: »Mensch, Kind, ich will's doch für dich tragen. Vertrau mir, wirklich!«

### Freudenkiller Nr. 5: Unser Egoismus

Als fünften Freudenkiller will ich hier den Egoismus nennen. Erinnern wir uns, was es bedeutet, Christus nachzufolgen: *Da sprach Jesus zu seinen Jüngern: Wenn jemand mir nachkommen will, so verleugne er sich selbst und nehme sein Kreuz auf sich und folge mir nach!* (Matthäus 16,24). Diese Selbstverleugnung bedeutet im Griechischen: in selbstloser Weise handeln, sich selbst vergessen, seine eigenen Interessen hintenan stellen. Das scheint mir eine sehr gute Definition. Jesus nachfolgen heißt also, eigene Ziele, eigene Ambitionen, eigene Träume hintenan zu stellen. »Ich bin jetzt in meinen Augen einfach nicht mehr so wichtig!« Das ist der Unterschied, den Jesus gemacht hat: Er hat mich befreit vom Selbst. Aber auch dieses Thema ist in unserer Lebenspraxis nicht ein für alle mal erledigt.

Ein Zugang zu dieser Freude ist Selbstverleugnung

Einmal lesen wir im Neuen Testament von zwei Fischern, Jakobus und Johannes. Diese beiden Brüder haben eine Karriere vor sich, sie wollen irgendwann mal den väterlichen Betrieb übernehmen. Johannes wird vielleicht Geschäftsführer werden und Jakobus sich mehr um das Praktische kümmern. Denn Johannes schreibt nebenbei auch ganz gerne Gedichte, er ist ein bisschen melancholisch veranlagt, findet gerne schöne Worte. Der Vater wird eine Abfindung erhalten, vielleicht ist später auch mal ein zweites Boot drin. Und Jesus begegnet den beiden, sagt: »Folgt mir nach!« Und alles, was sie vor einer Minute noch wollten, alles, was eben noch wichtig war, all das, was so geplant war, ist jetzt irrelevant. Das ist egal, es ist nicht mehr wichtig. Sie sind nicht mehr wichtig.

Sie verloren sich selbst um seinetwillen und folgten ihm nach. Dabei lernten sie etwas über das Reich Gottes, über wahre Größe, über wahre Geistlichkeit, über die neue Geburt, über die Gemeinde, über die Erlösung. Ihr gesamtes Leben wurde umgedreht, und sie erhielten ein gutes, ein glückliches Leben. Sie bekamen ein Leben voller Freude. Eben. Aber ein Zugang zu dieser Freude ist Selbstverleugnung.

Wer sich selbst noch unglaublich wichtig nimmt, und wer für die eigene Bedeutsamkeit täglich eintritt und kämpft, wer sich selbst immer auch als Opfer erlebt – »ich habe nicht genug bekommen«, jeder zweite Satz beginnt mit »ich« –, der wird ein unglücklicher Mensch sein. Er wird alle Dinge in seinem Leben, wo er tatsächlich benachteiligt war, mit einem Lineal verbinden müssen und dabei vieles, wo er gesegnet war, einfach vergessen. »Ich, ich, ich, ich, ich ...« Egoismus macht traurig! Egoismus macht depressiv, und im Extrem, behaupte ich, führt er bis hin zu psychischer Erkrankung. Die Freude ist futsch, wenn mein Ich ständig im Zentrum meines Lebens steht.

Matthäus zum Beispiel sitzt an seiner Zollstelle, hat einen guten Job, macht richtig gut Knete. Da kreuzt Jesus seinen Weg: »Folge mir nach!« Zack, hatte sich das erledigt! Matthäus lässt seine Zollstelle, seinen guten Job zurück, ist auf einmal alles nicht mehr wichtig. Matthäus selbst ist auf einmal nicht mehr wichtig. Jesus ist jetzt wichtig.

Es ist heilsam, sich selbst, die eigenen Ziele und Wünsche nicht für das Wichtigste zu erachten. Ich stelle meine Bedürfnisse zurück, denn Jesus ist wichtig, und ich lebe, um ihn zu verherrlichen. Wer in diesem Sinne von seinem Selbst befreit ist, hat Zugang zur ewigen Quelle der Freude in Jesus. Der Liederdichter Johann Franck (1618–1677) hat es 1653 so ausgedrückt: »Jesu, meine Freude, meines Herzens Weide, Jesu, meine Zier!« Was für Worte!

Manches Mal ist meine Freude davon abhängig, ob bei mir alles richtig läuft. Ob ich korrekt behandelt werde, ob ich befördert werde, ob auch alle lieb zu mir sind, ob mein Auto anspringt ... »Jou, dann bin ich auch bereit, mich zu freuen,«, sagt mein Ego dann. Entschuldigung, aber das ist nichts besonderes. Wenn alles glatt läuft, ist jeder bereit, sich zu freuen (es sei denn, die Sünde der Undankbarkeit hat ihn nahezu gänzlich vereinnahmt). Nein: Jesus, meine Freude. »Diese Freude«, sagt Jesus, »kann keiner von euch nehmen. Mich kann keiner von euch nehmen. Euer Heil, das Reich Gottes kann keiner von euch nehmen. Sie mögen euch euer Leben nehmen. Sie mögen euch in den Arenen den Löwen vorwerfen. Aber niemand wird eure Freude von euch nehmen.«

**Ich bin nicht mehr so wichtig ...**

Eines meiner Vorbilder aus dem Neuen Testament ist Johannes der Täufer. Er sieht Jesus auf sich zukommen und sagt: *Siehe, das Lamm Gottes, das die Sünde der Welt hinwegnimmt!* (Johannes 1,29). Bis dahin war Johannes ein Starprediger, ein erfolgreicher Redner. In der Bibel heißt es: *Und es ging zu ihm hinaus das ganze Land Judäa und die Bewohner von Jerusalem, und es wurden von ihm alle im Jordan getauft, die ihre Sünden bekannten* (Markus 1,5). »Das ganze Land Judäa und die Bewohner von Jerusalem«? Im biblischen Sprachgebrauch heißt das: sehr, sehr viele. Sehr viele Menschen marschieren also in die Wüste und hören diesen Mann. »Hast du schon Johannes gehört?« Seine Botschaft war nicht besonders bequem, aber scheinbar hat's irgendwie gefallen. Offenbar hat der Heilige Geist ins Schwarze getroffen. Die Leute kamen in Scharen, bekannten ihre Sünden, ließen sich taufen. Wir würden das Erweckung nennen.

Und dann kommt Jesus, und Johannes stellt sich eindeutig auf seine Seite. Die Jünger des Johannes, die ihm treu ergeben waren, melden ihm einige Zeit später:

»Herr, Johannes, weißt du was? Der, von dem du Zeugnis abgelegt hast – die Leute rennen jetzt scharenweise zu dem! Wir haben eben mal das Opfer gezählt: Das wird knapp diesen Monat. Also ... unser Dienst ist nicht mehr so erfolgreich, wie er mal war. Erweckung und Highlights, das scheint vorbei. Gut, es kommen noch Leute, und wir sind ja auch hier. Aber du hast dich so zu diesem Jesus gestellt, du hast ihn auch noch dermaßen *promotet* – einige von uns fragen sich, ob wir uns damit nicht selbst die Butter vom Brot genommen haben. Alle rennen sie jetzt zu Jesus! Der rekrutiert Jünger, tausende kommen, und du hast deinen guten Ruf auch noch für ihn eingesetzt, Johannes. Den kannte keiner, er war ein absoluter *Nobody* bis zu seiner Taufe. Du, du warst ein großer Mann Gottes. Und du hast ihn *gepusht,* und zum Dank kriegst du jetzt einen Tritt in den Hintern, bist auf einmal nicht mehr wichtig und die Leute rennen alle zu Jesus.«

»Die Leute rennen jetzt alle zu Jesus«

Ich könnte mir vorstellen, dass das für Johannes ganz schön schwer war. Es ist schön, Erfolg zu haben, oder? Es ist wunderschön, Gott an der Arbeit zu sehen, Frucht zu sehen. Den Aufwind zu genießen, die Phasen unseres Lebens, wo wir den Segen Gottes ganz besonders spüren. Und dann so etwas? Mir würde das schwer fallen.

Aber in seiner Reaktion auf diese Situation ist Johannes ein starkes Vorbild. Seinen aufgebrachten Jüngern erklärt er: *Wer die Braut hat, der ist der Bräutigam; der Freund des Bräutigams aber, der dasteht und ihn hört, ist hoch erfreut über die Stimme des Bräutigams. Diese meine Freude ist nun erfüllt. Er muss wachsen, ich aber muss abnehmen* (Johannes 3,29–30). Was meint Johannes mit diesem Vergleich mit einer Hochzeit? Bei der jüdischen Hochzeit bereitete der beste Freund des Bräutigams alles vor. Er stand im Mittelpunkt der Feiern und hatte alle Fäden in der Hand – bis der Bräutigam selbst kam. In diesem Moment trat er in den Hintergrund und freute sich mit der ganzen Hochzeitsgesellschaft, wenn der Bräutigam seine Braut nahm. Der Freund war jetzt nicht mehr die Hauptperson.

Und so sagt Johannes seinen Jüngern in diesem Bild: »Ihr habt's doch mitbekommen; ich hab' da doch kein Geheimnis draus gemacht: Ich bin gar nicht der Bräutigam. Ich bin nicht der Messias, auf den wir warten. Ich bin nur der Freund des Bräutigams.« Das heißt: Ich bin nicht wichtig! Jesus ganz allein ist wichtig. Er muss wachsen, ich aber muss abnehmen.

Das ist echte Jüngerschaft. Dass wir immer weiter abnehmen, und dass Jesus Christus in uns immer weiter wächst. Dass unsere Vorlieben und was wir so mögen oder eben nicht, das, was unser Leben, aber auch unsere Befindlichkeit, unser Seelchen angeht, in den Hintergrund tritt. Und dass Jesus sein Leben durch uns lebt: Wir selbst nehmen ab, und er wächst in uns. Wir verleugnen uns selbst und er hat Raum zu wachsen.

Angesichts dieses hohen Preises sagt Johannes allerdings nicht: »Na ja, gut – wie soll ich denn sonst in den Himmel kommen?!« Sondern: *Diese meine Freude ist nun erfüllt*. Wer seine Freude an den Erfolg des eigenen geistlichen Dienstes knüpft, der kann herbe enttäuscht werden. Bis zur galligen Bitterkeit können wir – auch im Reich Gottes – von Menschen und allen möglichen Dingen enttäuscht werden. Aber wer seine Freude direkt mit Jesus verknüpft, der kann nicht ent-täuscht werden: Er hat sich schließlich nicht getäuscht, als er Jesus vertraute. Sondern er hat goldrichtig gelegen, als er sein Leben Jesus gegeben und gesagt hat: Herr, ich will nicht mehr wichtig sein, du ganz alleine sollst wichtig sein!

Wer seine Freude direkt mit Jesus verknüpft, der kann nicht enttäuscht werden

**»Freut euch mit!«**

In Lukas 15 spricht Jesus unter anderem über Freude. Da ärgern sich nämlich die Ältesten und Pastoren und Diakone der alttestamentlichen Gemeinde – die Pharisäer und Schriftgelehrten – darüber, dass Jesus mit Sündern zusammen ist. *Dieser nimmt Sünder an und isst mit ihnen!* (Lukas 15,2) »Zeige mir deinen Umgang, und ich sage dir, wer du bist.« »Wenn der wirklich von Gott wäre, dann würd der hier mal ne Linie ziehen. Dann würde er sich mit solchen Leuten nicht abgeben. Davon wird man doch unrein! Wir sind doch Gottes Volk, wir sollten uns doch rein halten. Das kann doch nicht gut gehen ...« Jesus ist von dieser Kritik so betroffen, dass er drei Gleichnisse hintereinander erzählt. Er hat seine Zuhörer förmlich »zuparabelt«. Drei Parabeln, wie aus der Pistole geschossen: Das Gleichnis vom verlorenen Schaf, das Gleichnis von der verlorenen Münze und das vom verlorenen Sohn. Und der Tenor in allen dreien ist der Aufruf Christi – auch an dich und mich, nicht nur an die Pharisäer – zur Mitfreude. Wir sollen uns Mitfreuen am Wirken Jesu darin, dass das Kranke gesund wird und das Verlorene gefunden wird – mal ganz unabhängig von unserer momentanen Verfassung.

So heißt es dann in Vers 5 bis 7: *Und wenn er es* [das Schaf] *gefunden hat, nimmt er es auf seine Schulter mit Freuden; und wenn er nach Hause kommt, ruft er die Freunde und Nachbarn zusammen und spricht zu ihnen: Freut euch mit mir; denn ich habe mein Schaf gefunden, das verloren war! Ich sage euch, so wird auch Freude sein im Himmel über einen Sünder, der Buße tut, mehr als über neunundneunzig Gerechte, die keine Buße brauchen!*

»Freut euch an meinem Wirken!«

Oder in Vers 9 und 10: *Und wenn sie sie* [die Münze] *gefunden hat, ruft sie die Freundinnen und die Nachbarinnen zusammen und spricht: Freut euch mit mir; denn ich habe die Drachme gefunden, die ich verloren hatte! Ich sage euch, so ist auch Freude vor den Engeln Gottes über einen Sünder, der Buße tut.*

In der nächsten Geschichte lässt Jesus den Vater zu seinem älteren Sohn – dem Schriftgelehrten, dem Pharisäer, dem hart gewordenen Christen – sagen: *Du solltest aber fröhlich sein und dich freuen; denn dieser dein Bruder war tot und ist wieder lebendig geworden, und er war verloren und ist wiedergefunden worden!* (Vers 32).

Dabei war ihm sein jüngerer Bruder so was von egal. »Ich! Ich habe dir gedient all diese Jahre ... Ich habe nie ein Gebot übertreten ...« »Ich« hier und »ich« da: Er ist absolut auf sich selbst fixiert. Und ich höre diesen Vater hier auch zu meinem Herzen, in mein Leben sprechen: »Uwe, du solltest dich freuen und fröhlich sein!« Menschen bekehren sich zu Christus. Das Reich Gottes wächst. Gott tut geniale Sachen. Das gesamte Kapitel 15 ist – unter anderem – ein Aufruf unseres Herrn an uns, an seine Gemeinde: »Freut euch an meinem Wirken!«

Wenn Jesus unsere Freude ist, dann haben wir tatsächlich ewig Grund zur Freude. Wenn wir selbst auf dem Thron sitzen, dann wird das mit der Freude nur sehr punktuell mal was werden.

## Leid und Freude teilen

All das bedeutet, dass die christliche Gemeinde eigentlich eine Gemeinschaft der absoluten Freude ist. Paulus sagt in 1. Korinther 12,26: *Und wenn ein Glied leidet, so leiden alle Glieder mit; und wenn ein Glied geehrt wird, so freuen sich alle Glieder mit.* Wenn wir ein bisschen mehr Anteil nehmen am Leben des anderen und uns selbst nicht mehr so wichtig sind, entdecken wir, dass in unseren Gemeinden noch viel mehr Grund zur Freude ist.

*Und wenn ein Glied leidet, so leiden alle Glieder mit; und wenn ein Glied geehrt wird, so freuen sich alle Glieder mit.* Bei ersterem sind wir, meine ich, ganz gut im Rennen. *Mitleid* kannste kriegen in der Gemeinde. Wenn Leute in eine Gemeinde gut eingebunden sind, wenn sie etwa Teil einer Kleingruppe sind, und sie gehen durch eine schwere Zeit – dann sind da Menschen um sie herum, die mitleiden und sie mittragen. Aber an intensiver *Mitfreude* aus vollem Herzen, scheint mir, mangelt es uns manchmal. Ich weiß nicht, warum.

Als Pastor bekommt man ja manchmal schon während der Ausbildung eingeschärft: »Wenn du Leuten aus deiner Gemeinde danke sagen willst, picke niemals einen einzelnen heraus und hebe ihn hervor. Denn dabei vergisst du mit Sicherheit gleichzeitig andere, und die werden dann ganz bitter.« Aber Entschuldigung – wenn doch unsere biblische Vision ist, dass wir uns alle mitfreuen, wenn einer geehrt wird, dann strukturiere ich doch nicht die ganze Gemeinde um unseren Egoismus herum! Sondern angenommen, wir heben eine Person heraus, danken ihr vor der ganzen Gemeinde, dass sie hier zum Beispiel die Dekoration übernommen hat, und zwar hervorragend, und in der dritten Reihe sitzt jemand, der in Wirklichkeit die Hauptarbeit geleistet hat – dann wäre es doch genial, wenn der nicht sauer ist, aber sagt: »Herr, hier wird gerade ein anderes Glied geehrt, und ich freue mich und will mich auch freuen« (wie Paulus ...).

Jesus ist meine Freude. Und deswegen freue ich mich, wenn mein Bruder oder meine Schwester erleben, wie Gott ihre Gebete beantwortet. Wenn sie Heilung erfahren, wenn sie etwas Gutes zu berichten haben, dann füllt das mein Leben mit Freude! Und deswegen wollen wir in unseren Gemeinden miteinander teilen, woran wir leiden und wofür wir dankbar sind – und an beidem von Herzen Anteil nehmen. Das ist Gottes Vision für die Gemeinde. Dietrich Bonhoeffer sagte einmal: »Die Christen sind einander täglich unaufhörlicher Grund der Freude« (Gesammelte Werke, Band II, Edition Christian Kaiser, Gütersloh 2002). Freude an Jesus führt zur Freude aneinander.

Mein Herz brennt, diese Freude in meinem Leben mehr zu realisieren, jeden Tag meines Lebens gefüllt zu haben mit dieser Freude.

**Schluss mit lustig: Jetzt wird's ernst!**

1. Was ich Gott sagen will: ....................................

..............................................................................

..............................................................................

..............................................................................

2. Was mir aufgefallen ist: ....................................

..............................................................................

..............................................................................

..............................................................................

3. Fragen, die bleiben: ..........................................

..............................................................................

..............................................................................

..............................................................................

4. Womit ich ernst mache: ....................................

..............................................................................

..............................................................................

..............................................................................

## Zum Autor

*Uwe Schäfer,* Jahrgang 1963, ist seit 1982 verheiratet mit Bente, hat zwei Töchter, einen Schwiegersohn und einen Enkel. Er ist Pastor der Christus-Gemeinde Wuppertal (www.cgw-online.de), die er 1989 – nach seiner Ausbildung und dem Beginn seines Dienstes in Südafrika – gründete.

Daneben ist Uwe Schäfer Vizepräses des Bundes Freikirchlicher Pfingstgemeinden in Deutschland K. d. ö. R. und als Referent im In- und Ausland unterwegs.

www.freude-ohne-ende.de
www.uweschaefermedien.de.

Kontakt: schaefer@neufeld-verlag.de

## Bücher von Uwe Schäfer

*Lebe deine Berufung*
*mit Frucht und Leidenschaft*
108 Seiten, Leuchter Edition, Erzhausen 2004

*Warum ich glaube*
*… für Menschen auf der Suche nach Gott*
32 Seiten, Leuchter Edition, Erzhausen 2003

*Die Theologie des Zimmermanns*
*Bibelauslegung von Jesus lernen*
96 Seiten, Leuchter Edition, Erzhausen 2000